여행항공 실무론

박현지 · 김정욱 공저

홍릉과학출판사

머리말

본 교재는 여행사와 항공사의 실무에 대한 전반적인 사항을 정리하여 관광관련분야 학과의 교재로 사용할 수 있도록 하였으며, 크게 6장으로 구성하였다.

먼저 제1장은 여행업의 개요로서 여행업의 개념, 여행업의 유형, 여행업의 특성과 발전과정을 주요 내용으로 다루고 있다.

제2장은 국내여행업으로서 국내여행 업무의 내용을 다루고 있다.

제3장은 인바운드로서 인바운드 업무에 대한 내용을 다루고 있다.

제4장은 아웃바운드로서 아웃바운드 업무에 대한 내용을 다루고 있다.

제5장은 국외여행인솔로서 국외여행인솔자의 업무 및 국외여행인솔자의 자격, 특성, 유형에 대한 내용을 다루고 있다.

제6장은 여행항공으로서 항공카운터의 업무 및 항공권 업무, 예약실무 등을 다루고 있다.

부록은 여행항공용어정리로서 여행사와 항공사에서 주로 사용되는 용어들을 정리하여 구성하였다.

본 교재는 독자들에게 여행업무 전반에 관한 기본적이고 필수적인 내용을 쉽게 이해할 수 있도록 설명한 여행업 실무 지침서로 만들어졌다. 많은 부족함이 있지만 부디 여행항공실무를 이해하고 이를 응용하는데 작으나마 도움이 되기를 바라는 마음이다.

끝으로, 본서가 출판되기까지 헌신적인 노력과 도움을 주신 롯데관광 김정욱 지점장님, 정봉명 박사, U관광컨벤션연구소 김영하 연구원 그리고 출판을 허락해주신 홍릉과학출판사에 감사를 드린다.

2011년 12월

저자

차례

표 차례

그림 차례

제1장 여행업의개요

1. 여행업의 개념

1) 여행업의 정의

일반적으로 여행업에 대한 학술상의 정의는 '여행을 희망하는 여행자에게 여행에 수반되는 제반 편의를 제공하고 그 대가로 수수료를 받는 사업'이라 할 수 있다.

여행업의 법률적인 정의는 몇 차례의 관련법규가 개정되면서 현실적인 현상을 법규상의 개념에 포함하는 방향으로 그 정의가 변하고 있음을 알 수 있다. 1961년 우리나라 최초의 관광관련법규인 관광사업진흥법이 제정된 후 1971년 법률 제2285호로 개정되기까지 여행업의 개념은 '관광객의 여행알선과 숙박시설 기타 여행시설의 이용에 관하여 알선하는 업' 이라 규정하였다. 이 정의에서는 여행업을 단순히 여행시설업(principals)과 여행자의 중간적 기능만을 담당하는 사업체로 규정함으로써 여행업의 초기 단계수준에서 영업범위를 한정하는 것으로 규정하여 왔으나, 1975년 이르러 기존의 관광사업진흥법을 폐지하고 관광기본법과 관광사업법으로 분리·제정하면서 여행업의 정의를 보다 구체적으로 명시하고 있다.

관광사업법에서 규정한 여행업의 정의는 여행자를 위하여 운송·숙박 기타 여행에 부수되는 시설의 이용을 알선하거나 그 시설을 경영하는 자와 이용에 관한 계약체결을 대리하는 행위, 여행자를 위하여 여권 및 사증을 받는 절차를 대행하는 행위, 여행자를 위하여 여행에 관한 상담에 응하거나 정보를 제공하는 행위 등으로 규정하고 있다.

1986년에는 관광사업법을 폐지하고 관광진흥법을 제정하였다. 이 법에서 여행업의 정의는 '여행자를 위하여 운송시설, 숙박시설, 기타 여행에 부수되는 시설 이용의 알선 기타 여행의 편의를 제공하는 업' 으로 포괄적으로 규정하고 있다.

1994년 12월 관광진흥법의 개정시 여행업의 개념에 대한 정의는 다시 수정되었다. 이 개정에서 여행업을 '여행자, 운송시설, 숙박시설, 기타 여행에 부수되는 시설의 경영자 또는 여행업을 경영하는 자를 위하여 이동 시설이용의 알선, 여행에 관한 안내, 계약 체결의 대리, 기타 여행의 편의를 제공하는 업으로 개념화함으로 사업체간의 경쟁심화와 이를 방지하기 위한 여행업 기능분화의 추진의도를 보이고 있다. 위와 같이 법규상의 여행업 개념은 그 사회에 존재하는 여행업의 시대상을 반영하면서 변화되고 있다.

<표 Ⅰ-1> 여행업에 대한 학자별 정의

연구자	연도	여행업의 개념
Lickotish	1985	여행자들의 여행상담과 교통기관이나 숙박기관을 예약하고 여행을 생산·창조 하는 사업자
오카니와	1972	여행준비와 여행실시상의 업무를 통해 수수료를 받아 경영 되는 사업
이선희·박영호	1979	여행자와 여행시설업자 사이에서 거래상의 불편을 덜어 주고 중개해 줌으로써 그 대가를 받는 기업
와타나베	1981	여행자와 운수기관·숙박시설 사이에서 여행자에 대해 예약·수배 알선 등의 서비스를 제공하고 그 보수를 얻는 사업자
김진섭	1986	여행자와 교통기관·숙박시설 등 여행과 관계를 맺고 있는 사업의 중간에서 여행자에 대하여 예약·수배·알선 등 여행서비스를 제공하고 일정한 대가를 받아 영업하는 사업자
윤대순	1986	여행자에게 관련시설업자(principals)를 알선하여 주고 수수료를 받거나, 여행관련기관의 이용권을 판매하여 수수료를 받아 운영하는 사업자
McIntosh	1990	여행자를 위해 여행에 필요한 제반 요소를 알선하고 정보를 제공함으로써 관련기관으로부터 수수료를 받는 중개업

자료: 선행연구를 기초로 하여 저자작성

2. 여행업의 유형

1) 여행업의 종류

여행업의 형태는 일반적으로 제도상의 분류에 따라 일반여행업·국외여행업·국내여행업으로 구분되고 있다. 또한 영업 방식상에 의한 분류, 유통형태에 의한 분류, 업무대상에 의한 분류, 패키지여행사에 의한 분류로도 구분하고 있는데, 구체적으로 살펴보면 다음과 같다.

가. 제도상의 분류

관광진흥법에 의한 분류로 여행업의 종류를 일반여행업·국외여행업·국내여행업 등 3종류로 구분하고 있다(관광진흥법 시행령 제2조 1항).

(1) 일반여행업

일반여행업은 국내 또는 국외를 여행하는 내국인 및 외국인을 대상으로 하는 여행업으로 여권 및 사증을 받는 절차를 대행하는 행위를 포함하고 있다. 그러므로 일반여행업자는 외국인의 국내 또는 국외여행과 내국인의 국내 또는 국외여행에 대한 모든 업무를 취급할 수 있다. 다시 말해서 내국인의 국내여행(domestic tour), 외국인의 국내여행을 대상으로 하는 인바운드 투어(inbound tour), 내국인의 해외여행을 위한 아웃바운드 투어(outbound tour) 등의 업무를 병행하는 종합여행사를 일반여행업이라고 한다. 일반여행사의 등록기준은 자본금 2억원 이상이고, 사무실은 소유권 또는 사용권이 있어야 하며, 문화체육관광부 관광국에 등록하면 된다.

(2) 국외여행업

국외여행업은 국외를 여행하는 내국인을 대상으로 하는 여행업으로 여권 및 사증을 받는 절차를 대행하는 행위를 포함하고 있다. 1989년에 해외여행자유화가 시행됨으로써 내국인의 해외여행이 증가함에 따라 내국인의 해외여행업무만을 전달하도록 한정하고 있다. 국외여행업은 자본금 6천만원 이상이어야 하며, 사무실은 소유권 또는 사용권이 있으면 되고, 시·도 단위 지방자치단체의 관련기관에 등록하면 된다.

(3) 국내여행업

국내여행업은 국내를 여행하는 내국인을 대상으로 하는 여행업을 말한다. 따라서 내국인을 대상으로 한 국내여행에 국한하고 있으며, 외국인을 대상으로 하거나 내국인을 대상으로 한 국외여행업을 하지 못하게 되어 있다.

국내여행업은 국내여행상품의 개발·판매 및 여행사의 패키지상품뿐만 아니라 국내선의 항공권·철도승차권과 특별행사의 입장권 및 호텔 쿠폰 등을 대매하거나 관광버스의 일반 전세도 취급하고 있다.

국내여행업은 자본금 3천만원 이상이어야 하고, 사무실은 소유권 또는 사용권이 있으면 되며, 시·도 단위 지방자치단체의 관련기관에 등록하면 된다.

<표 Ⅰ-2> 여행업의 등록기준 및 업무 내용

구분	등록기준	업무내용
일반 여행업	· 자본금 2억원 이상일 것 · 사무실 소유권이나 사용권이 있을것	· Inbound 업무 · Outbound 업무 · Domestic 업무 · 여권 및 사증을 받는 절차를 대행업무
국외 여행업	· 자본금 6천만원 이상일 것 · 사무실 소유권이나 사용권이 있을것	· Outbound 업무 · 여권 및 사증을 받는 절차를 대행업무
국내 여행업	· 자본금 3천만원 이상일 것 · 사무실 소유권이나 사용권이 있을것	· Domestic 업무 · 전세버스업무

자료: 관광진흥법시행령[별표1]관광사업의 동륵기준(제5조 관련)
<개정 2011. 10. 6>

나. 영업방식에 의한 분류

일반적으로 여행업은 인바운드, 아웃바운드 그리고 도메스틱으로 구분된다. 우선 내국인을 대상으로 구분해 보면, 내국인의 국내여행과 해외여행으로 나눌 수 있고, 외국인의 경우 국내에서 여행하는 것을 국제관광이라고 하며, 국내여행은 순수하게 내국인이 국내를 관광하는 것과 관련된 업무를 하는 여행업이라 할 수 있다.

(1) 아웃바운드(Outbound)

자국의 여행객들을 해외로 보내는 여행사를 아웃바운드(Outbound)라고 한다. 즉 내국인의 국외여행을 말하며, 해외여행을 하고자 하는 내국인여행객을 대상으로 하여 해외 여행상품판매, 항공권판매, 해외여행의 수배와 호텔예약, 해외여행에 따른 여권·비자수속 등 기타 부수적인 서비스를 알선하는 업무를 하고 있으며, 이 업무를 담낭하는 부서를 해외 여행부라고 한다.

(2) 인바운드(Inbound)

해외에서 찾아오는 여행객을 인솔하는 여행사를 인바운드(Inbound)라고 한다. 즉 외국인의 국내여행을 말하는 것으로, 외국인관광객을 대상으로 하여 여행단체나 개인의 국내여행을 수배·알선하는 업무를 담당하는 부서를 국제관광부 또는 외국인 여행부라고 한다.

(3) 도메스틱(Domestic)

내국인의 국내여행(Domestic)을 말하는 것으로, 국내를 여행하고자 하는 내국인 여행자를 대상으로 하여 국내여행상품의 예약, 수배, 판매, 안내, 국내항공권·철도승차권 등의 교통운송기관의 이용권 판매, 전세버스의 알선업무를 하고 있으며, 이 업무를 담당하는 부서를 국내관광부라고 한다.

2) 여행업의 구성요소

(1) 여행객

여행객은 여행주체의 구성요소이며, 여행객 없이 행사를 주체 할 수 없기 때문에 매우 핵심적인 역할이라 할 수 있다. 특히 전 세계가 글로벌화 되면서 많은 여행객들이 세계 여러 나라를 방문한 경험과 다양한 경로를 통해 얻어지는 여행정보를 통해 더욱더 다양해진 욕구와 여행동기를 가지고 있다. 따라서 이들의 다양한 욕구를 만족시킬 수 있는 특별한 여행상품을 개발해야 할 것이다.

(2) 여행자원

여행매력물인 여행자원은 여행행동을 유발하고, 여행하면서 여행객이 즐길 수 있고 이용할 수 있는 관광자원을 말한다. 명승지, 건축물 등의 유형적인 자원과 풍습·관습 등의 무형적인 자원, 산지, 하천, 온천, 동굴, 경승지 같은 종류의 자연적인 자원 등의 여행자의 여행욕구를 충족시켜 줄 수 있는 것이 여행자원이다.

(3) 교통

교통은 여행의 본질적인 요소로 여행상품을 구성하는 가장 기본적인 요소라고 할 수 있다. 특히 여행이 이동을 전제로 시작되는 인간 활동이므로 이동시 가장 필요한 존재이며, 이러한 역할을 할 수 있는 것이 항공이나 선박·버스·철도 이다. 여행출발에서부터 다른 지역으로 이동하는 경우는 대부분이 항공을 이용하는 경우가 많으며, 같은 지역 내의 이동인 경우는 버스나 철도를 통해서 목적지까지 이동을 하는 경우가 대부분이다.

(4) 숙박

여행상품을 구성하는 가장 기본적인 요소로 숙박의 형태가 이루어져야 여행활동을 할 수가 있다. 따라서 여행 중 여행객은 어떠한 형태로든 숙박을 하게 된다. 이러한 숙박의 종류로는 호텔·민박·콘도미니엄·펜션 등을 들 수 있다. 호텔의 경우는 대체적으로 일반단체 여행시에 많이 이용되는 숙박의 형태이며, 민박이나 콘도미니엄·펜션 등의 숙박은 가족형태의 여행시 주로 이용되는 수박의 형태로 볼 수 있다.

(5) 식사

여행상품을 구성하는 기본적인 요소로 말 할 수 있으며, 관광활동이 이루어진 후 반드시 행해지는 활동이라 할 수 있다. 여행상품 중에서는 대부분이 현지에서 이루어지는 식사를 말하나, 이동시 기내식 등도 포함된다고 할 수 있다. 식사 종류로는 현지식·호텔식·기내식 등으로 이루어진다.

(6) 쇼핑 및 선택 관광

관광활동 중에 대부분의 여행객들에게 이루어지는 활동 중 하나로 쇼핑활동을 들 수가 있다. 쇼핑활동으로는 그 나라나 지역을 대표할 수 있는 토산품을 구매할 수 있는 토산품점과 면세점 등의 쇼핑센터 등을 들 수 있다. 쇼핑활동은 여행객의 만족도에 많은 영향을 주는 활동으로 여겨지고 있다. 또한 선택관광은 관광일정에는 포함되지 않은 활동으로, 선택관광을 위해서는 추가요금을 부가하여야 한다.

3) 여행의 구성요소

여행의 구성요소는 여행 중에 일어날 수 있는 여러 가지 여행활동을 말하며, 관광안내(guide service), 관광지(visit), 교통(transportation), 숙박(lodging), 식사(meals), 쇼핑(shopping), 선택관광(option tour) 등을 들 수 있다.

(1) 관광주체

여행객은 관광행동을 유발하는 수요자이자 소비자를 말하며, 관광수요시장 형성의 주체적 요소라고 할 수 있다. 일반적으로 여행시장에서 가장 중요한 존재라 할 수 있으며, 여행사에서 마케팅활동의 대상이 될 수 있다.

일반적으로 관광행동을 일으키는데 필요한 심리적 원동력을 여행욕구라 하고, 여행행동으로 옮기게 하는 심리적 에너지를 여행동기라 한다. 사람은 누구나 다양한 여행욕구와 여행동기를 가지고 있으며, 이는 여행의 수요자 혹은 소비자가 되어 여행수용시장을 구성한다. 따라서 현대 여행업에서는 다양한 욕구와 동기를 가진 여행객들을 모객하기 위해 다양한 마케팅활동을 펼치고 있으며, 점점 더 다양한 방법을 통해 이들의 욕구를 충족시키기 위한 활동을 전개하고 있다.

(2) 관광객체

여행객이 보고 즐기고 방문해 보고 싶은 관광자원인 관광객체는 관광목적물 및 관광행동의 목표가 될 수 있다. 관광자원을 아름답고 풍부한 자연환경이 매력이 있는 자연적인 관광자원뿐만 아니라 국민성·민족성·예절·풍습·인정 등과 같은 무형적인 것도 관광자원이 될 수 있다. 관광시설은 관광자원을 살려서 여행객의 욕구 충족에 직접적으로 기여하는 숙박시설 등의 관광시설과 그에 부수된 서비스 등도 포함된다.

(3) 관광매체

관광매체는 관광의 주체인 여행객과 관광객체인 관광자원을 연결해 주는 매개역할 기능을 담당하는 사적·공적 기관을 말한다. 공간적 매체로는 교통기관·도로·항만·운송시설을 들 수 있으며, 여행객을 위한 관련시설로는 버스·항공·선박·기차 등의 기관 등으로 나눌 수가 있다. 시간적 매체로는 숙박시설·휴식시설·오락시설 등을 들 수 있으며, 여행객을 위한 관련시설로는 쇼핑센터인 면세점과 기타 쇼핑센터 및 호텔·콘도미니엄·펜션 등의 숙박시설과 카지노 등이 있다. 마지막으로 기능적 매체로는 여행업·기념품 판매업·통역안내업을 들 수 있으며, 여행객을 위한 관련시설업으로는 여행사, 토산품점, 통역안내사 등으로 나눌 수 있다.

3. 여행업의 특성과 발전

1) 여행업의 특성

여행업의 특성은 경영적 특성, 구조적 특성 그리고 사회 현상적 특성으로 분류할 수 있다.

가. 경영적 특성

(1) 회사 설립의 용이성

관광진흥법 시행령에 따른 여행업의 종류는 크게 3가지로 나눌 수 있는데, 설립자본금의 규모는 일반여행업은 2억원, 국외여행업은 6천만원, 국내여행은 3천만원으로 여행사경영이 타업종에 비하여 고정자본의 투자가 적어 여행사는 사업의 개업과 전·폐업이 용이하다.

(2) 최소의 위험부담률

여행업은 항공업이나 숙박업과 비교해서 비용투자가 적으며 손실에 대한 위험부담이 적고, 항공좌석과 호텔객실의 취소시 책임한계가 적고 상품구입에 대한 위험부담이 적다. 하지만 최근에는 다양해져가는 여행수요에 여행사가 적극적으로 대처해야하고, 항공좌석 확보를 위한 판매보증금 예치, 인터넷 영업을 위한 컴퓨터 등의 설비투자, 여행상품의 개발비용과 상품광고를 위한 광고비의 지출 등 경영상의 위험부담 요소가 증대 되고 있다.

(3) 수익의 의존성

여행상품은 순이익이 비교적 낮고, 회사수익은 전체적인 여행상품의 판매비율에 따라 결정된다. 또한 상품판매수익과 항공권판매 수수료수입 및 쇼핑수입이외에 행사전 여행객으로부터 받은 여행경비는 여행소재 공급업자인 지상수배업자에게 보통 여행계약조건에 따라 행사가 종료된 후에 지불하고 있어 단기간의 자금운용이 용이하다. 최근에는 여행객 출발 전에 경비를 지급하는 것을 원칙으로 하고 있다.

(4) 신용사업

여행상품은 유형의 상품이 아니고 무형의 상품이다. 여행상품의 소비자에게 여행사에서 제공하여 주는 것은 단지 여행일정표와 브르셔 및 호텔 등 이용시설에 대한 팜플릿 정도이고, 나머지는 회사의 신용도뿐이다. 이러한 면에서 신용은 상품의 구매결정에 영향을 끼칠 뿐 아니라 사업의 성공을 좌우하는 중요한 요소가 되고 있다. 그렇기 때문에 여행사에서는 신용도를 높이기 위하여 소비자와 약속한 여행조건, 즉 항공권·호텔숙박·식사·관광지안내 등 모든 여행일정을 충실히 이행함은 물론이고, 양질의 서비스 제고에 노력하여야 한다. 또한 여행객으로부터 여행경비를 선불로 받고 있으므로 계약된 사항은 반드시 지켜져야 한다.

나. 사회적인 특성

(1) 계절적 수요탄력성

여행수요는 계절적·요일적·시간적 요인으로 인한 집중현상이 심하여 여행 성수기와 비수기로 좌우되는 경우가 많다. 이러한 집중현상의 대안으로 가격차별화와 여행조건의 차별화의 방법을 통하여 수요의 탄력성에 적절히 대처할 수 있는 독창적인 여행 상품의 개발, 성·비수기나 계절에 적합한 상품개발 및 상품관리의 전략이 필요하다.

(2) 여행상품의 비저장성

여행상품의 소재가 되는 교통기관이나 숙박시설 등은 모두 유형이지만, 여행 그 자체는 무형이고, 여행상품을 구성하는 중심은 서비스이기 때문에 저장이 곤란하며, 재고가 발생하지 않는다. 또한 교통기관이나 숙박기관이 판매하는 항공기의 좌석이나 호텔의 객실은 저장이 불가능한 판매상의 특징을 지니고 있다.

(3) 독자적 상품조성곤란

여행상품을 구성하고 있는 교통기관이나 숙박시설 등의 소재는 단일품목으로 이것을 모두 조합해서 상품을 만들기 때문에 교통기관이나 숙박시설 등 하나의 요소만 가지고 여행상품을 만들어 부가가치를 얻기가 어렵고, 독자적 상품조성도 어렵다. 또한 최종적으로 상품에 대한 평가가 소비자 개인의 만족도나 효용도에 따라 달라지므로 표준화 된 상품을 생산해 낼 수 없는 특성을 지니고 있다.

(4) 상품수명주기 단명성

여행상품은 특허권의 보호를 받기 어려워 모방이 지극히 용이하고, 소비자의 선호가 높은 여행상품은 타여행사에서도 쉽게 모방이 가능하므로, 독창적인 상품을 장기간 독점 생산하거나 판매할 수 없다. 또한 상품의 모방에 의하여 라이프사이클이 짧아져 상품의 수명이 단기간에 끝난다. 그렇기 때문에 지속적으로 상품을 개발하도록 노력하여야 하고, 여행상품에 독창성을 가미하여 모방하지 못하도록 해야 하며, 자사만의 강한 상품이미지를 구축해 나가야 한다.

(5) 공익성

모든 기업은 사회적인 책임을 인식하고 경영활동을 수행해 나가고 있으나, 특히 여행업은 그 책임의 정도가 매우 크다. 그 이유는 여행사는 관광대상지가 전 세계이므로 이들 나라와 경영활동을 하고 있어 여행객들의 방문국 여행지에서의 행동 하나하나가 개인뿐만 아니라 해당국가의 이미지와 연결되어 평가가 되기 때문이다.

(6) 환경영향성

여행사는 기업 내부영향보다는 사회·경제·정치·문화요인 등 외적 영향이 큰 사업으로 관광수요에 많은 영향을 받고 있다.

다. 구조적 특성

(1) 노동집약적인 특성

노동의 투자가 자본의 투자보다 높은 산업을 노동집약적 산업이라고 한다. 소비 관련 서비스업에서는 호텔·음식점 등 레저산업을 중심으로 노동집약형 산업이 많다. 여행 산업의 개인적 서비스는 자동화로 완전대체가 불가능하므로 인적서비스의 의존도가 높다 할 수 있다. 여행의 사전준비부터 여행종료에 이르기까지 이루어지는 모든 제반업무과정(고객과의 접촉, 여정작성, 여행안내 등)이 여행사직원의 전문성 및 경험에 의한 서비스의 제공에 달려 있기 때문에 인적자원 요소가 중요시 된다.

(2) 입지적인 특성

여행사의 사무실은 대부분 고객이 찾기 쉽고, 고객의 눈에 잘 띄는 곳에 위치하고 있다. 여행객의 입장에서 용이한 접근성은 여행상품 구매 여부를 결정할 때 손쉽고 편리하게 이용할 수 있느냐가 중요한 기준이 될 수 있다. 여행사 측면의 경우는 항공권 발권이 용이하도록 항공사가 밀접한 곳, 여권발급기관이나 외국대사관이 있는 곳 등 공공기관이 모여 있는 지역에 위치하는 입지적 특성을 갖고 있다.

(3) 과당경쟁의 특성

여행사는 타여행관련업에 비하여 비교적 소규모 자본에 의해서도 운영이 가능한 사업으로 여행사를 경영하고자 하는 사람은 누구든지 쉽게 창업하여 운영이 가능하다. 또한 여행상품은 모방이 용이하여 여행상품을 단기간에 생산·제조할 수 있어 특화된 상품이나 서비스품질로 경쟁을 하지 못하고 요금경쟁으로만 경합하고 있어 경쟁과다요인이 되고 있다. 따라서 그로 인한 피해는 여러 가지 형태로 여행객에게 돌아오게 된다.

2) 여행업의 발전과정

가. 외국의 여행업

여행업의 시초에 대해서는 학자에 따라 견해가 다르나, 독일의 그뤽스만에 의한 중세 마르세이유 지역 기업가들의 성지순례에 대한 알선을 그 시초로 보는 경우도 있다. 또한 14~15세기경 베니스에서 종교단체가 순례자를 선박으로 수송한 것을 시초로 보고 있다. 그러나 오늘날과 같은 여행사의 업무내용과 역할이었는지는 단적으로 말하기는 어렵다.

한편, 17~18세기에는 역마차사업이 등장하여 육상교통의 발달을 촉진하였고, 이에 따라 1822년에 로버트스마트사가 기선예약업무를 개시하였기 때문에 이를 여행업의 시초로 보는 견해도 있으나, 여행업은 토마스쿡(Thomas Cook)에 의해 시작되었다고 보는 것이 일반적이다.

(1) 토마스 쿡 여행사

근대적인 여행업을 최초로 시작하여 여행 자체를 알선하고 기획여행을 실시한 영국인 토마스 쿡(Thomas Cook)은 근대 여행업의 아버지라고 불리운다. 교회의 목사인 쿡은 매우 열성적인 금연운동가였다.

그는 1841년 7월 5일 1,570명의 금주운동가들을 단체로 구성해서 특별철도 할인운임을 적용하여 1인당 1실링의 운임을 받고 레이체스터(Leicester)에서 루보로(Loughborough)까지 15마일의 왕복기차여행을 제공하는 열차 9량을 전세내어 최초로 특별 철도할인운임의 적용을 시도하였다. 그는 이 경험을 바탕으로 아들과 함께 1845년 토마스 쿡사(Thomas Cook & Son Ltd.)를 설립하여 본격적으로 여행업에 진출하였다.

토마스 쿡은 1851년 런던에서 개최된 대박람회(The Great Exhibition) 대 미들랜드 철도회사(Midland Railroad Co.)와 업무제휴를 맺고 16만명의 참가자를 송객하여 대성공을 거두었고, 1855년에는 파리에서 개최된 만국반람회에 관광객을 대량으로 모집해 참가하였다. 1862년에는 숙박과 교통을 함께 묶은 패키지 여행알선을 추진하였고, 1872년에는 기선을 이용한 세계일주 관광단을 모집하여 222일간에 걸쳐서 성공적으로 여행을 마쳐 세계를 놀라게 하였다. 그 후 더욱 새로운 형태의 알선업무를 추가하였는데 국제침대차회사(Wagons-Lits)의 합병, 성지순례여행, 이집트의 피라미드여행, 독일의 라인강변을 방문하는 단체여행 등을 기획하여 성공을 거두었다. 토마스 쿡은 탁월한 기획력과 대중을 위한 저렴한 운임과 광고를 함으로써 여행의 대중화에 이바지 하였다.

토마스 쿡의 경영이념은 일명 '쿡의 법칙' 이라고 하는데, 이를 요약하면 다음과 같다.

첫째, 토마스 쿡은 여행업 경영을 봉사의 기관으로 생각하였다. 즉, 여행업이란 사회에 봉사하기 위해 존재하는 것이기 때문에 그 기초에 공직윤리사상을 가져야 한다는 것이다. 따라서 저렴한 경비로 저소득층의 여행참여를 유도하고 여행대중화의 실현을 가능하게 하였다.

둘째, 여행은 가격에 대한 수요의 탄력성이 크기 때문에 요금을 내리면 수요가 증가한다. 교통시설과 숙박시설 등에 단체할인제도를 도입하여 여행비용의 인하를 가져왔고, 이로 인하여 여행업뿐만 아니라 여행소재공급업자에게 이익을 제공하고, 여행자에게도 저렴한 상품을 제공할 수 있게 하였다.

셋째, 여행상품은 무형의 서비스상품이라는 인식하에 부단히 아이디어 개발에 전념하였다 또한 여행상품의 표준화, 규격화, 전문화 할 수 있는 패키지 투어를 만들었으며, 기획력을 구사하여 끊임없이 도전하였다.

넷째, 단체여행참가를 유도하기 위하여 광범위한 판매촉진활동을 전개하였다. 또한 전문적 지식과 경험이 풍부한 여행인솔자를 동행시켜 여행객의 안전과 편익을 제공하면서 원활한 여행이 이루어지도록 노력하였다.

다섯째, 여행자 수표의 전신인 서큘러 노트(circular note)를 발행하여 여행 후불제를 정착시키는데 노력하였다.

(2) 아메리칸 익스프레스사

미국 여행업은 1850년 아메리칸 익스프레스(American Express)사의 등장으로 시작되었다. 이 회사는 영국의 토마스쿡사와 더불어 세계여행업 역사를 주도해 오고 있다.

이 회사는 역마차회사인 웰즈 화고(Wells Fargo Co.)가 설립의 모체로 1858년 아틀랜틱 로얄 기선회사(Atlantic Royal Steamship Co.)의 예약대리점으로 여행업무를 개시하였다. 이 회사는 1881년 여행자수표(Travelers Check) 발행을 통해 판매사업을 확장하여 여행사 지위를 굳힘과 동시에, 부동산업과 보험중개업을 여행업무에 포함시킴으로써 경영다각화에 역점을 두었다.

여행자수표 발행에 따라 여행비용 후불제도(Pay Later Plan)를 개발해 잠재여행자의 여행수요 개발에 크게 공헌하였다.

American Express, Carlson Travel Network, Thomas Cook과 같은 상위 50개 대형 여행사는 상용고객유치에 치중하는 경향이 있는 반면, 소규모 여행사는 개별관광객을 취급하거나 여행도매업자와 거래하는 경향이 있다.

대형 여행사에 대비하여 마케팅비용 절감, 협상력 제고, 대량구매에 의한 수익률 상승 등의 이점을 얻고자 중·소여행사들이 연합 또는 프렌차이즈를 도모하고 있다.

최근 동향으로는 대형 여행사가 인수·합병 등의 형태로 늘어가고 있으며, 이것은 대형 고객들이 이러한 대형 여행사를 선호하기 때문인 것으로 판단된다. 이러한 5대 대형 여행사로는 American Express, Carlseon Wagonlit Travel, BTI Americas, Rosenbluth Travel, Mar Travel 등이 있다.

(3) 일본교통공사

일본의 여행업은 1872년 철도가 보급되고 여행제한제도가 폐지되면서 시작 되었다. 1893년 일본교통공사의 전신인(貴賓會: Welcome Society)이 설립되어 여행업무를 시작하였고, 1905년에 국철계통의 (주)니혼료코가 설립되었다.

1907년에는 영국의 토마스 쿡사가 요코하마에 지점을 개설하는 것을 계기로 1912년에 외래객의 유치와 편의를 도모하기 위해 일본교통공사(Japan Tourist Bureau)가 설립되었다.

일본교통공사의 주요 사업은 일본의 풍경을 해외에 소개하고 외국인에게 각종 정보를 제공하는 것과 함께 일본을 방문한 외국인 여행객의 편의증진을 위한 것이었다. 일본교통공사는 현재 세계 각 지역에 지사를 설치한 일본 최대의 여행사이다.

나. 우리나라 여행업의 발전

국내 여행업은 1912년 12월 일본의 일본교통공사의 조선지부의 활동에서 시작되었다는 것이 일반적이다. 이 여행사는 평양·부산·군산·전주·해주·여수 등지에 사무소를 개설하여 철도승차권 대매와 여행안내를 실시하였다.

그리고 그 명칭도 1942년에 동아교통공사, 1944년에 재단법인 동아여행사로 변경되었다. 일본교통공사의 주요업무는 일본 내의 외국인 유치와 일본을 방문하는 외래객의 편의를 위한 것이어서 한반도의 이민업무, 식민지화에 필요한 업무를 수행하여 내국인을 위한 여행업무는 소홀히 취급하였다.

1945년 해방과 더불어 조선여행사로 회사명을 변경하였으며, 1947년에는 주식회사 천우사가 항공여행부를 발족하였고, 외래단체여행객으로 RAS(Royal Asiatic Society)가 방문하여 외국인 단체관광객으로서는 처음으로 국내여행을 하였다. 1948년에는 서울·온양간 전세버스의 면허가 발급되어 국내여행업도 영업을 시작하였다. 1949년에는 다시 대한여행사로 개편되었다.

1950년에는 서울교통공사가 설립되었으나 6·25전쟁으로 한국의 여행업은 사실상 업무를 중단하였다.

민간업체로서 설립된 본격적인 여행업은 1960년에 세방여행사가 설립되면서부터였다. 이들 초기의 여행업은 주로 항공권과 철도승차권을 대매하는 것이 주업무였으나, 점차 그 업무가 다양해지기 시작하였다.

1961년 관광사업진흥법이 제정되면서 한진관광, 고려여행사(1962), 대한통운여행사(1964) 등의 업체가 설립되면서 여행업계는 기반조성 및 체제정비를 하게 되었다.

재단법인 대한여행사는 1962년 국제관광 공사가 설립되면서, 1963년에는 국제관광공사에 흡수되었고, 1973년에 민영화함에 따라 오늘날의 대한여행사로 남아 있다.

<표 Ⅰ-3> 여행업법규상 변천과정

시행연도	여행업 구분	제 도	비 고
1961	일반여행알선업, 국내여행알선업	등록제	관광사업진흥법
1971	국제 여행알선업, 국내 여행알선	허가제	관광사업진흥법 개정
1982	국제여행알선업, 여행대리점, 국내여행알선업	등록제	관광사업법 제정(1975) 기능분화추진
1987	일반여행업, 국외여행업, 국내여행업	등록제	관광진흥법 제정(1986)전문화추진
1993	일반여행업, 국외여행업, 국내여행업	등록제	관광진흥법 개정 기획여행신고제 실시 기능분화추진의미

다. 기타지역

(1) 프랑스

프랑스여행업협회(SNAV)에 의하면 세계 제2위를 자랑하는 바군리(Wagonlits)여행사는 세계 전역에 1,900여개의 영업망을 가지고 성업 중에 있으며, 이외에 지중해클럽(Club Mediterraneam), 누벨, 프론티에, 이

바스 등 10여개 업자가 대형 업체이고, 나머지 대부분은 중·소규모 업자들이다. 여행업자의 형태는 여행도매업자, 소매업자, 외래여행업(inbound agent)으로 구분되지만, 특별히 법률로 업무내용을 규정하고 있지 않다

(2) 독일

독일 여행업 발달은 19세기 중엽 뮌헨에 본사들 둔 쉔카(Shenker)사가 운송회사를 설립하여 여행자 화물취급업무의 서비스를 개시하여 1889년에 여행부문을 독립시켜 인터내셔널 레제뷰로 쉔카(International Reiseburo Shenker & Co.)라는 이름으로 여행업에 진출하여 발전하였다. 그러나 쉔카는 1910년에 ABR(Amtiliches Bayerisches Reiseburo)사에 매수되어 공적 사명을 가진 민간여행사라는 특이한 형태를 띠게 되었다. 1971년에는 독일 2대 해운사인 함부르크-아메리카 기선(HAPAG)과 북독일 로드사의 합작에 의한 독일여행사(Deutches Reiseburo: 현 DER의 전신)가 발족 되었다. 한편 국철을 중심으로 각 주의 철도와 헝가리·오스트리아의 국철 등이 합작하여 여행사를 설립하였는데, 이 회사의 명칭이 1918년 중구여행사(MER: Mittel Europa-isches Reiseburo)로 개칭되었다. 독일에서의 초창기 여행업은 이들 양사가 주도적 역할을 하였으며, 1951년 독일 최초의 여행도매업자인 투로파(Touropa)가 탄생하였다.

현재 독일 여행시장을 지배하고 있는 여행사로는(Touristic Union International), NUR(Neckermann & Reisen), LTU, ITS 등이 있다.

제2장 국내 여행업

1. 국내 여행업의 개요

국내여행업(domestic)이란 내국인들의 국내여행과 관련된 업무의 영업활동을 하는 것을 말한다. 즉 내국인 대상위주로 관광모집을 실시하며 모든 여행의 안내, 여행상품판매, 현지시설의 수배 등을 알선하는 업무의 총칭이라 할 수 있다. 국내여행은 경제성장과 함께 도로망의 건설·확충에 따라 발전되었고, 아울러 지방자치제의 실시로 인해 지방재정의 확보와 지역의 발전을 위해 지역홍보를 펼치고 있는 것은 국내여행의 분위기 조성에 영향을 주었다. 각 지방자치제는 관광수용태세를 개선하고 있고 지역별 특성에 맞는 여행상품을 개발하고 적극적인 유치를 위해 힘을 쏟고 있다. 지역문화축제의 상품화, 전통문화의 상품화, 문화유적답사와 연계된 상품, 드라마·영화 등과 연계된 국내여행상품 등을 통해 국내관광이 활성화되는 계기가 마련되었다.

2. 국내 여행의 업무

여행사의 업무는 크게 여행상품의 생산, 판매, 안내, 관리업무로 크게 구분해 볼 수 있다. 이외에도 공급업자의 단위상품 대리판매업무, 수속업무, 예약발권업무, 수배업무 등의 업무를 수행한다.

<표 Ⅱ-1> 여행사 업무

여행사 공통 업무	여행상품 기획생산업무, 여행상품 판매업무, 여행안내업무, 여행사관리업무, 예약발권업무, 수배업무, 상담업무
아웃바운드	인솔업무, 비자/여권수속업무
인바운드	통역안내업무, 센딩/미팅서비스 업무
도메스틱	전세버스 업무

도메스틱(domestic)은 국내를 여행하는 내국인을 대상으로 하여 여행상품을 제작하여 여행자를 모집하거나 제작한 상품을 위탁판매하거나 또는 여행자의 주문에 따라 상품을 생산하여 행사를 집행하는 제업무를 지칭한다. 그리고 안내업무, 국내 프린시펄(principal)의 프린시플(principle)을 대리 판매하는 업무를 취급하고 있으며 경우에 따라서는 전세버스를 소유하고 판매하는 업무도 취급하고 있다. 우리나라에서도 주5일제가 도입 된 이후 국민의 여가환경이 크게 호전되어 국내여행업무도 활기를 띄고 있다.

가. 도메스틱의 수입원천

(1) 일반모집관광 판매수수료 10%

(2) 국내 교통기관 이용 수수료 3~10%

(3) 식당이용 수수료 5~10%

(4) 타사패키지 투어 판매 9%

(5) 기념품 판매수수료 10% 이상

(6) 주문(희망)상품 제작판매 수수료 10%

(7) FIT 호텔객실 판매수수료 10%

(8) 관광농원(감귤 등) 상품 판매수수료 10%

(9) 전세버스 수수료 10%

나. 도메스틱 업무

(1) 기획개발부서

여행상품에는 일반모집 여행상품과 여행객 혹은 여행소매업의 주문에 의해서 구성된 희망 여행상품이 있다. 전자는 여행업자가 계절·자연조건·연령층별·취미별로 기획하여 조립한 패키지 상품이며, 후자는 관광객의 기호에 따라 일정, 코스, 교통편 등을 여행자가 정해 준 조건에 따라 짜여진 상품으로 관광요금도 일정하지 않다.

따라서 업무 중에는 여행상품의 개발과 조립을 하는 부서가 있어야 하는데, 일반적으로 기획개발부에서 담당하고 있다. 아울러 광고·홍보활동 등을 수행하고 있다.

(2) 판매부서

기획개발부서에서 개발한 상품을 가지고서 일반여행자를 대상으로 모객하는 활동과 아울러 에이전트 세일을 담당하고 있다. 주로 이러한 상품은 계절별 여행상품, 테마여행상품, 신혼여행상품, 도서관광상품 등이다.

아울러 대규모 수요를 유발하는 수학여행, 졸업여행, 견학 등 학생들을 대상으로 판매를 강화하고 있으며, 판매상의 상품원가조정, 여행일정 조정 업무 등도 병행하고 있다.

(3) 수배부서

여행상품은 숙박·식사·교통 등과 같은 여러 가지 요소가 결합되어 하나의 완성된 상품으로 형성되기 때문에 여행객이 이용하게 되는 숙박시설·식사·교통수단 등의 예약·수배는 여행상품을 판매가 되기 전에 예약·수배를 완료해야 하는 부서이다.

또한 숙박, 식사, 교통운송업자에 대한 수배 외에도 임의 관광상품인 쇼핑, 골프, 카지노, 나이트클럽, 수렵, 낚시, 스키 등 매우 다양한 관련시설 업체에 대한 수배도 담당하고 있다.

(4) 안내부서

안내업무는 여행객이 국내의 타지역을 여행할 경우, 출발에서 모든 일정을 마치고 다시 거주지로 돌아갈 때까지 전반적인 현지일정의 진행을 담당하는 업무이다. 이 업무는 여행객의 요청으로 여행목적지의 관광·쇼핑 등 여행일정의 전 과정을 원활하게 진행하는 업무로 이미 확정된 여행일정을 명확히 숙지하여 수행하여야 한다.

또한 안내 업무는 실질적인 여행상품을 생산한다는 관점에서 여행객의 욕구와 필요를 충족시켜 줄 수 있는 능력을 갖추고 있는 안내원의 자질이 중요하다. 현재 제주도를 제외한 우리나라의 대부분의 여행사는 전세버스 기사가 안내업무 서비스를 제공하고 있다.

(5) 전세버스부서

여행객의 출발지, 관광지 및 관광지간의 이동과 관련된 부서이다. 법률적인 측면에서 전세버스업은 자동차운송사업법에 의해 건설교통부장관에게 등록해야 하는 업종으로 여행업과는 무관하지만 여행객의 수송을 담당한다는 측면에서 여행업과 불가분의 관계를 갖고 있다.

국내여행업의 전세버스 소유는 경쟁에서 우위를 확보할 수 있다는 점에서 국내여행 업무의 중요한 부분이다. 우리나라의 경우 자가 승용차의 활성화로 전세버스 이용률이 위축되긴 했지만 출발지에서 원하는 목적지까지 갈아타지 않아도 된다는 장점과 비용 및 시간적인 면에서도 저렴하게 이용할 수 있어 주로 학생의 수학여행이나 일반단체에서 많이 이용한다. 이러한 전세버스업무는 차량의 수배와 배차 그리고 차량의 관리 등에 관련한 업무를 하고 있다.

(6) 관리부서

관리부서의 업무는 여행업의 경영에 필요한 종사원의 채용과 교육 등의 인사관리, 일반 경상비의 지출과 수입관리 등을 담당하며, 감독관청에 대한 보고, 지시사항 이행 등을 수행한다.

1) 국내여행 업무의 내용

가. 여행상품 생산업무

여행상품의 개발 및 개발된 상품을 상품화시키는 등의 업무를 한다.

나. 판매업무

국내여행상품의 판매는 주로 영업부서의 영업직원과 카운터직원이 담당하고 있고, 또한 광고 판매 등의 형태로 판매를 하고 있다.

국내여행사의 판매상품으로는 국내여행상품 패키지상품, 인센티브 상품, 허니문 상품 등을 판매하고 있다. 또한 국내선 항공권의 예약 및 발권, 호텔의 예약 및 쿠폰발행, 교통운송권 철도승차권, 선박승선권, 렌트카 예약, 전세버스의 예약 및 배치, 관광관련 시설물의 사용권 등을 구입한 후 잠재여행객에게 판매하는 업무를 한다.

다. 수배업무

여행계약에 따른 현지여행사의 선정 및 국내여행상품의 구성요소인 교통, 숙박, 식사와 같은 각 요소에 대한 예약수배를 전담하고 있다. 또한 이외에도 쇼핑, 콘도, 카지노 등 다양한 관광관련 시설업체에 대한 대리수배업무도 맡고 있다.

라. 안내업무

안내업무는 전반적인 현지일정의 진행을 담당하는 업무로 여행객들에게 관광지를 안내하는 국내여행업무이다. 안내원의 역할과 기능에 따라 국내여행의 성과가 결정된다고 볼 수 있으며, 전반적으로 여행목적지에서의 관광·쇼핑·임의관광 등 여행일정의 전 과정이 원활하고 순조롭게 진행될 수 있도록 국내여행안내사의 역할이 중요시 된다.

마. 항공예약 및 발권업무

국내항공편에 대한 예약 및 발권 등의 업무를 하고 있다.

바. 전세버스업무

관광버스의 전세업무로 차량의 수배와 배차, 그리고 차고·차량관리 등의 제반업무를 하고 있다. 국내여행업의 업무 가운데 선세버스 내어입무에 회사들이 많은 비중을 두고 있다. 전세버스업무는 국내여행의 이동수단역할을 담당하는 가장 핵심적인 업무로 차량의 수배·배차·차량관리 등의 관련된 업무를 하고 있다.

사. 관리업무

관리업무란 여행사경영에 필요한 모든 관리업무를 말하며, 정리부서는 지출·수입을 근거로 회계상으로 결산하는 업무를 맡고 있다. 즉 자사경영에 필요한 지원부서로서 종사원의 교육·인사·총무에 관계된 제반업무를 담당한다.

2) 여행일정 작성업무

관광일정표는 한 마디로 여행사의 얼굴, 즉 이미지와 연결되며, 또한 여행상품 구입시 제일 먼저 일정표를 보고 비교하므로 일정표 작성시 세심한 노력이 필요하다.

따라서 여행객의 여행사 선택시 차지하는 비중 가운데 여행일정표도 중요한 요소가 되므로 정확하고 유용한 일정을 만들어야만 여행사를 신뢰하게 되는 것이다.

가. 여행 일정표의 작성시 기입할 내용으로 필요사항은 다음과 같다

- 단체명: 패키지여행일 경우 상품명, 인센티브일 경우 단체명 기입
- 여행인원수: 여행에 참가할 인원수
- 여행기간: 여행출발일과 도착일 기입
- 교통수단: 항공기, 기차, 선박, 버스 등을 명시
- 숙박시설: 호텔의 이름과 등급, 전화번호, 호텔의 주소 등 기입
- 식사조건: 식사의 종류와 자유식 및 기내식 등 명확히 기재
- 여행지역: 여행일자별로 여행코스 기입

나. 여행일정표 작성시 유의 사항

- 전 일정을 시간적 무리가 없도록 편리한 일정을 작성 한다.
- 능률적인 수배로 가급적 비용을 저렴하게 책정한다.
- 여행목적에 맞는 관광일정을 작성한다.
- 식사는 여행참가자에 따라 내용에 변화를 주도록 고려한다.

다. 여행일정표 작성방법

- 일자란에 출발일을 제1일로 하고, 순차적으로 제2일, 제3일이라고 기입한다.
- 숙박란에는 호텔명과 등급 및 전화번호 등을 표기하고, 식사정보는 식사의 종류를 정확히 기재한다.
- 관광일정·호텔식사·교통편이 현지사정에 의해 변경이 될 수 있음을 반드시 명시한다.

<표 Ⅱ-2> 국내 여행일정표 작성 예

일자	장소	교통편	시간	일정	식사
제 1일 10/26 (화)	부산 제주	OZ B21	14:00 15:00 16:05 17:00 18:30	김해공항 국내선 2층 약국앞 집결 김해공항 출발 제주공항 도착후 호텔이동 호텔체크인 수속 석식후 자유시간 <제주호텔>	석:옥돔구이
제 2일 10/27 (수)	제주	전용 버스	07:30 09:00 12:00 18:00	조식 관광지 이동, 용두암, 산방산 중식후 중문, 천제연폭포, 농원, 도깨비도로 석식후 호텔휴식 <제주호텔>	조:한정식 중:생선회 석:해물전골
제3일 10/28 (목)	제주 부산	전용 버스 OZ B30	07:30 09:00 12:00 18:00 19:05 21:10	조식 관광지 이동, 자연사박물관, 산금부리 민속촌 중식후,관광지이동,섭지코지,성산일출봉,쇼핑 제주공항도착 부산출발 김해공항 도착후 해산	조:해장국 중:흑돼지
*상기일정은 현지사정에 의해 변경될 수 있습니다.					

3) 전세버스 업무

가. 전세 버스의 사용권 판매

전세버스의 판매는 다음과 같이 3가지 유형으로 구분할 수 있다

(1) 여행관련요소로서 여행사를 통한 간접판매로 정규통근차량에서 고정비를 계산하고 여행사에 대한 대절판매와 여행사를 통한 대리판매에서 수익을 얻고 있다.

(2) 기업이나 하교의 각종 행사를 위한 판매나 전세버스의 이용률을 높이기 위한 통근버스 판매를 하고 있다.

(3) 여행자에 대한 직접판매를 하고 있다 또한 여행사에서의 전세 버스 사용은 외국인의 국내여행에 필요한 여행관련요소로 판매하거나 내국인의 국내여행에 판매되고 있다.

나. 관광전세 버스 업무의 일반적 사항

(1) 관광버스요금은 성수기와 비수기로 구분하며, 행선지에 따라 정해진다.

- 전세버스운임은 기본요금(거리운임+ 대기료)을 합하여 산출된다.

성수기는 20% 할증, 비수기는 20% 할인 적용

- 성수기 4/1~6/10, 7/21~11/10 184일
- 비수기 6/11~7/20, 11/11~3/31 181일

(2) 버스 임차시 포함된 금액은 차량비와 유류대 및 기사·안내비가 포함되며, 그 외에 유료통행료와 주차비 및 기타 추가로 지불되는 것은 사용자가 부담하며, 동일목적지라도 경유지와 대기시간의 변동에 따라 변경될 수 있다.

(3) 버스예약 신청을 받았을 때는 계약서를 발행하고, 동시에 운임의 10%의 예약금을 요구하고, 특별한 사정시에는 계약서를 생략하기도 한다.

(4) 예약자가 버스예약을 약관에 의거하여 취소할 때에는 늦어도 48시간 이전에 통고하여야만 계약금이 반환되며, 취소통보 없이 버스를 사용치 아니한 경우에는 운임의 3/10, 24시간 전에 취소하는 경우 1/10, 24시간 이내에 취소하는 경우 2/10 취소수수료를 받는다, 단, 천재지변·파업·일기변화 등으로 운행이 불가능할 때는 계약금을 반환한다.

다. 전세버스 요금

전세운임부문은 일반적으로 정규요금이 설정되어 있지만 탄력적으로 운

영되고 있다. 여기에 제시하고 있는 전세버스요금은 전세버스운송조합에서 설정한 요금으로 표준요금이지만 매 행사시마다 전세버스회사와 협의를 거쳐 요금을 결정하도록 하여야 한다.

(1) 전세버스 기본요금표

전세버스 기본요금표는 <표 Ⅱ-3> 과 같다.

<표 Ⅱ-3> 전세버스 기본요금표

구분	내용	기준	요금
기본요금	통근	1.최초 40km 까지 2.초과요금(40km 초과) 매 km당	60,000원 1,490원
	일반전세	1. 기본거리요금(최초 200km까지) 2. 450km 미만은 매 km당 3. 초과요금(450km 이상) 매 km당	298,000원 1,490원 1,220원
대기요금	당일전세(매 30분당)		8,630원
숙박요금	당일요금+기본요금(최초 200km까지 요금 298,000원)		

자료: 김영규(2008)

(2) 차종별 요금적용기준

- 고속전세버스는 상기요금의 150% 적용
- 대형(26인승 이상)은 상기요금의 100% 적용
- 중형(16인승 이상 25인승 이하)은 상기요금의 75% 적용

라. 전세버스 요금 산출 공식

- 거리요금+대기료=일반전세 기본요금
- 거리요금
- 450km 미만은 km당 1,490원
- 450km 이상은 초과거리 매 km당 1,220원
- 대기료
- · 대기료=대기시간x매 30분당 8,630원

· 주행거리 450km 이상은 대기시간을 산정하지 않음.

▪ 유료도로 통행료, 도선료 및 기타 추가비용은 이용자가 부담한다.

▪ 행선지별 요금 조건표 중 동일목적지라 하더라도 경유지와 대기시간에 따라 운행거리와 요금이 변경될 수 있다.

▪ 조기출발 및 심야 귀경시에는 본 요금 기준표상의 기본통근요금을 추가 징수 할 수 있다.

제3장 인바운드

1. 인바운드의 개요

인바운드(inbound) 업무는 외국인의 국내여행 및 국내에 체재하는 외국인을 대상으로 국내여행 상품의 제작 및 판매 그리고 여행안내, 여행알선, 여행선전 등의 업무를 말한다. 인바운드 여행상품은 생산과 소비가 국내에서 이루어지며 판매는 외국에서 이루어짐으로 인해 현지의 외국여행사가 현실적으로 판매에 중요한 역할을 수행한다. 인바운드 상품의 대부분은 포괄여행 상품이며, 국외지사와 대리점을 통해 고객을 모집하는데 신속·정확한 정보교환이 중요하므로 통신장비설치가 필요하다. 인바운드의 경영적 특성은 업무자체가 여행 행사의 수동적 입장에 서게 되고, 외국시장의 고객 및 시장분석이 곤란하며, 해외지사를 운영할 경우 관리비 및 판매비용 증가하며, 아웃바운드에 비해 수익률이 낮다는 특성을 갖는다.

2. 인바운드 업무

외국인 여행업무, 즉 인바운드 업무는 업무조직과 연관해서 구분하면 일반적으로 판매부·수배부·정산부로 구성되나, 회사의 규모에 따라 통역안내부·단체부를 별도로 운영하기도 한다. 또한 인바운드 조직과 업무영역이 큰 여행사는 각 부서를 일본관광부·동남아 관광부·구미관광부로 조직을 구성하고 있다

1) 인바운드 업무의 내용

가. 인바운드의 수입원천

1. 지상경비의 10% 정도
2. 자체의 패키지상품, 주문상품의 10% 정도
3. 선택관광 판매수수료의 10% 이상
4. 쇼핑커미션 총 매출액의 10% 이상
5. 관광기념 사진판매액의 10% 이상
6. 카지노 유치인원당 수수료 또는 교통비 지원
7. 국내교통기관 이용 수수료 5~10%
8. 관광유흥음식점 총매출액의 20%
9. FIT의 호텔예약 10%
10. 안내서비스와 미팅. 샌딩 서비스

나. 인바운드 업무부서

(1) 기획개발부서

외국인 여행시장을 조사 분석하고 개발하며, 시장변화에 따른 여행상품 개발과 광고 및 홍보활동, 판촉물의 기획·제작, 각종 통계자료 및 정보유지와 분석 등의 업무를 담당하는 부서이다.

(2) 판매부서

외국인 관광객의 유치나 국내여행상품 판매를 위하여 국외지사나 외국의 여행업자와 접촉하여 여행에 관련된 계약의 체결 및 판촉과 국내여행상품의 생산업무를 담당하는 부서이다.

또한 관광공사의 여행설명회 등의 방법과 관광전시회에 부스를 설치하여 판촉하는 방법 등을 통해 직접 여행상품을 판매하기도 한다.

일반적으로 여행의뢰접수, 수배의뢰(수배부서), 외국인여행객의 국내여행 일정표 작성, 여행상품원가계산, 여행조건서 발송(국외지사나 외국여행업자), 단체조건 확정통보(수배/안내부서) 등의 업무를 수행한다.

여행상품의 판촉활동에서부터 여행계약이 성립될 때까지의 상품판매를 전담하는 업무이다.

(3) 예약수배부서

판매부에서 유치한 단체의 국내여행에 관련된 호텔 등 숙박기관, 교통운송기관, 식사 등의 예약과 예약확인, 및 통역안내원의 수배와 기타 알선서비스를 제공하는 업무를 담당하는 부서이다. 규모가 큰 여행사인 경우 업무가 분업화되어 있고 업무내용도 세분화되어 있다. 예약수배업무는 정확하고, 신속해야 할 뿐 아니라 수배사항의 간결성, 업무의 신뢰성, 수배사항에 대한 확인과 재확인과정을 거쳐야 하는 업무이니 만큼 고객유지에 중요한 업무가 된다. 수배부는 판매부서에서 받은 일정표 및 단체확정통보서를 토대로 호텔·교통편·식당·관광지·쇼핑점 및 기타 다양한 관련시설업체에 대한 예약을 담당하는 부서이다. 수배부서의 업무는 타부서에 비하여 원가의 절감이나 성수기시의 수배능력 등 중요성이 강조되는 업무이다.

(4) 안내부서

판매계약이 체결되고 수배가 완료된 외국인 관광여행자가 입국하여 관광여행을 마치고 출국할 때까지 국내체류기간 동안 관광안내, 통역, 임의 관광상품(optional tour)의 판매 및 쇼핑에 이르기까지 인적 서비스를 담당하는 부서이다. 그리고 가이드는 행사 후 경비정산과 안내 보고서를 작성하여야 하며 인보이스(후불청구 및 환불처리)를 작성하여 관리부서에 넘겨주어야 한다.

(5) 단체업무부

'Tour Operation부' 의 업무는 여행객들의 일정을 관리하는 업무로 외국인여행객이 국내를 여행할 경우 입국에서부터 귀국 때까지 전반적인 현지일정의 진행을 담당하는 업무이다. 따라서 단체업무는 단체의 입국시부터 관광, 쇼핑, 출국까지 전 과정을 원활하게 진행하는 업무로 이미 확정된 단체조건을 명확히 숙지하여 관광통역안내사는 회사의 지휘·감독하에 단체 조건에 따라 외국인여행자의 안내활동을 한다. 회사에서는 단체의 규모나 성격에 맞는 관광통역안내사를 배치하여 전문성을 최고로 발휘할 수 있도록 해야 한다.

(6) 관광통역안내부

외국에서 들어오는 여행객을 안내하는 것이 통역안내부의 고유 영역으로서 회사의 여러 업무 중 최일선에서 수행하는 업무부서이며, 외국인여행객들에 대한 관광통역 안내업무를 하고 있다. 관광통역안내업무는 단순히 관광지에 대한 안내업무뿐만 아니라 가이드의 역할에 따라 회사의 이미지가 달라질 수 있으며, 또한 자기 수익에 영향을 미칠 수 있다.

(7) 관리부서

회사운영에 필요한 종사원의 교육, 복리후생 등의 인사관리, 여행경비의 수수 및 단체행사비용에 대한 저산과 후불의 인보이스 발송 등의 회계관리와 회사자금 및 제반비품의 적기조달 등을 맡게 되는 부서로 총무부라고도 한다. 이외에도 감독관청에 보고, 지시사항 이행 등의 업무도 수행한다.

(8) 정산부

여행이 끝난 단체에 대해 가이드로부터 보고된 행사의 정산여행경비의 수입 및 지출에 따른 제반 사항을 전담하여 행사집행의 재정을 담당하는 업무이다. 한편 수입을 올리고 경영의 합리화로 수익성을 향상시켜 기업의 운영을 하는데 있어 상품의 판매 못지않게 정산부도 중요한 역할을 담당하고 있다.

외래관광의 업무를 관장하는 부서는 크게 판매부와 수배부, 정산부로 구분할 수 있으며 회사에 따라 투어오퍼레이션(Tour Operation)부와 통역안내부를 별도로 운영하고 있기도 하다. 외래관광에 중점을 두고 있는 여행사는 각 부서를 일본관광부, 동남아관광부, 구미관광부로 구분하고 판매과, 수배과, 정산과를 운영하기도 한다.

2) 판매업무

관광의 조건에 있어서도 기본적인 조건인 총 단체의 인원, 숙박하는 호텔, 기본적인 식사, 교통수단, 관광목적지 및 관광대상 등에서 관광의 즐거움을 더욱 배가시킬 수 있는 세부적 내용인 호텔의 등급과 위치, 객실의 종류와 침대, 식사의 종류와 횟수, 교통수단의 종류, 특수한 관광지의 포함여부 등에 관한 충분한 조건들을 협의한다. 특히 요금에 대하여 적극적으로 검토하여 흑자가 되도록 노력하며 관광경비 지급면에서도 후불, 선불, 현지직불인지를 기본적으로 파악하여야 한다. 따라서 판매부서는 이러한 조건에 대해 미리 외국여행사와 협의를 거치는 것은 당연한 업무이다.

판매부서에는 회사의 수익창출을 위하여 관광을 구성하고 있는 관련시설업자와 가격에 대한 충분한 사전협의를 하여야 한다. 지속적인 상품의 운용을 하면 그만큼 가격이 내려가는 것은 당연하다. 이때 판매부서는 고객들로 하여금 최대의 만족을 누리게 하면서 회사의 수익을 높일 수 있도록 하는 가격협상의 중요한 임무를 수행하여야 한다.

가. 관광일정표의 작성

관광일정은 단체의 성격과 구성원에 따라 변화를 주도록 한다. 행사자의 입장에서 다시 한번 일정을 확인하여 관광 일정이 고객의 취향에 맞으면서도 수익률에 손해가 없도록 하여야 한다.

나. 관광요금의 산출과 결정

요금의 산출은 관광을 구성하여 상품을 종합하고 여행사의 수익을 더하여 산출하여야 한다. 특히 요금의 산출은 정확하도록 주의를 기울여서 결정해야 한다.

환율변동 등에 의한 가격의 변화가 예고되면 이러한 사실까지도 포함하여 작성하고 고지하도록 한다. 요금이 결정되면 즉시 외국여행사에 통보하도록 하며, 변화에 대하여 즉각 교섭하여 적정한 요금을 받을 수 있도록 해야 한다.

다. 수배의뢰서와 행사지시서의 작성

판매부는 상품의 판매에 대한 역할 뿐만 아니라 판매의 과정에서 발생한 여러 가지 조건들을 타부서로 이관시켜 수행하도록 하여야 한다. 수배의뢰서와 행사지시서는 판매된 상품의 직접적인 준비과정의 하나이다. 따라서 수배의뢰서는 꼼꼼하게 작성하여 쉽게 행사의 내용들을 파악하고, 수배부에서 즉시 시행할 수 있도록 도와주어야 한다.

라. 행사지시서 작성발행은 다음과 같다.

(1) 행사지시서는 안내사가 단체행사를 취급하는데 필요한 구체적인 지시서이다. 물론 판매부서에도 참고용으로 1부가 간다.

(2) 숙박, 지시서는 안내사가 단체행사를 취급하는데 필요한 구체적인 지시서이다. 물론 판매부서에도 참고용으로 1부가 간다.

(3) 최종확인 책임자의 서명을 봉인한다.

(4) 최종확인 및 변경상황에 대한 대책을 가입한다.

행사지시서의 발생 등 모든 절차가 완료되면 즉시(물론 그 중간에도 거듭되었겠으나) 예약 사항에 대해서 최종적으로 확인하여 이상 유무의 점검과 다짐을 한다. 관광단체가 입국하면 십중팔구는 변경(인원수, 항공편, 관광일정 등)이 있게 마련이며 안내사의 즉각적인 보고에 의해서 판매부서에서 통보가 오게 되면 언제라도 여기에 대처할 수 있는 준비자세가 되어야 하며 필요할 때는 현장(주로 숙박업소)에도 달려가야 한다.

행사 중의 변경에 대해서 얼마만큼 적절하고 신속한 대처를 할 수 있느냐 하는 것도 행사의 성패에 지대한 영향을 끼친다는 것을 명심해야 한다.

마. 선택관광(Optional Tour) 개발

관광의 일정에서 갈수록 선택관광의 시간을 많이 부여하고 있다. 과거처럼 여행사의 인솔아래 단체로 관광을 하는 것은 이제 보기 힘들어지고, 저마다 자신이 원하는 방문국에서 이색적인 경험을 원하여 개별적으로 움직이려 한다. 이와 관련된 상품이 선택관광이다. 관광자에게 여러 가지 유형의 선택코스를 개발하여 더욱 흥미 있는 관광을 유발시키는 것이 판매부에서 개발한 옵션투어이다. 일률적인 워커힐 디너쇼, 민속촌관광, 골프투어 등에 한정되지 않고 다양한 옵션관광의 코스를 개발하도록 해야 한다.

3) 수배 업무

수배업무란 용어는 일본 여행사의 업무나 제도를 받아들이는 과정에서 관광에 필요한 제반적인 요소를 예약의 의미를 강하게 표현한 용어로 영어의 Arrangement에 해당되나, 현재 여행사에서는 관광 상품의 전반적인 예약을 할 때에는 수배를 오퍼레이션(Operation)이라 표현하고 부분적 수배는 어레인지먼트(Arrangement)라 사용하고 있다.

현실적으로는 관광입국자의 비중이 가장 큰 일본시장의 경우, 일본 연휴에 여행사가 필요한 객실을 잘 확보하는 것은 아주 중요한 일면이 되고 있다. 판매부서에서의 수배의뢰는 외국여행사의 요청과 다를 바 없으며, 모든 수배업무는 의뢰에서부터 시작되고, 의뢰에 명시된 요구사항에 대하여 국내 상품의 구입·공급 작업을 하는 것이 수배업무이다.

외국여행사의 요구사항에 대하여 신속, 정확 그리고 적절히 충분한 만족을 줄 수 있는 상품의 구입·공급을 하느냐, 혹은 그렇지 못하느냐에 따라 관광행사의 성립여부가 좌우됨은 물론 나아가서는 여행사의 신뢰도에까지 영향을 준다.

수배 의뢰서를 받게 되면 수배부서에서 순차적으로 처리해야 할 업무는 다음과 같다.

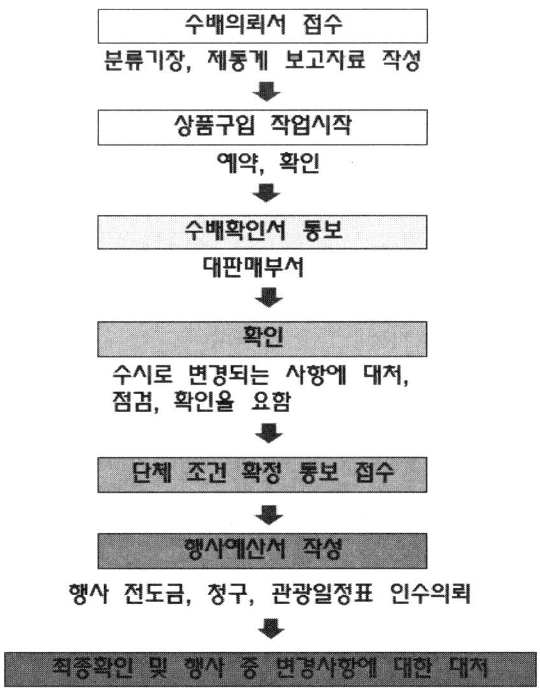

자료: 윤대순(2007)

<그림 Ⅲ-1> 수배업무 순서도

가. 업무처리요령

- 수배의뢰서 접수

접수 즉시 수배 순서를 결정하고 바로 구입 작업에 착수해야 한다.

▪ 관광 상품 구입 작업 시작

의뢰서 내용은 충분히 이해하고 예약사항을 누락시키지 말아야 한다.

나. 수배완료 확인서 작성

▪ 상품의 구입이 완료되고 확인이 끝나면 즉시 소정양식에 따라 확인서를 작성하고 판매부서에 대해서 구입이 완료되었음을 통보해야 한다.

▪ 각 항목별로 예약일자와 상대방 해당업소의 확인자 성명 및 수배부서의 예약자 성명 등을 명기해야 한다.

▪ 수배부서 책임자의 확인 서명 날인을 반드시 해야 한다.

▪ 확인서 발행 후 에 부득이한 사정으로 변경사항이 발생할 시, 즉시 변경부분에 대한 재확인 통보를 해야 한다. 확인, 재확인은 그 횟수가 많을수록 좋다. 완벽하게 예약하고 확인된 사항이라도 안심하고 방치해 두면 어느 사이에 변경되거나 취소당하는 것이 관광업계에서 비일비재한 일이므로, 타사와의 경쟁에서 승리하기 위해서도, 재확인은 절대적인 수배상의 한 과정으로 볼 수 있다.

다. 항공 재확인(Flight Reconfirmation)

항공을 이용한 관광자가 중간경유지나 도착지에서 72시간 이상 체류하는 경우 계속편 또는 복편의 예약을 72시간 이전에 재확인해야 한다는 규정이 있다. 따라서 개별관광자나 단체관광자의 관광일정을 맡은 여행사에서 고객을 대신하여 예약을 재확인하는 것은 필수적인 사항이다. 재확인을 하면서 항상 항공사담당자의 실명을 기록하는 것은 중요하다. 관광자의 체류기간이 단 하루가 되더라도 여행사의 수배부서는 항공권의 예약재확인 절차를 반드시 수행하여야 한다. 뜻하지 않는 사안은 언제 발생할지 모르기 때문이다.

4) 단체업무 (Tour Operation)

가. 미팅 서비스(Meeting Service)

한국을 방문하는 외국인 관광자에게 한국에 대한 좋은 이미지를 보여줄 수 있는 곳이 바로 공항이다. 공항에 미팅을 나가는 행사부원의 모습은 한국인에 대한 인식의 기준을 마련할 수 있기 때문에 첫 만남은 대단히 중요한 비중을 차지한다. 공항에서 수송차량이 도착했는지, 항공이 연착되었는지, 정시도착인지의 여부를 확인한다. 관광자가 도착했을 때 수하물의 신속한 처리와 차량으로의 안내가 미팅서비스의 관건이다. 단순한 업무이지만 행사의 성패는 첫 만남에서 결정되기도 한다.

나. 여행 인솔자(Tour Conductor)와의 업무 확인

판매부서를 통해 접수된 행사의뢰서와 지시서를 바탕으로 관광의 조건과 구체적인 일정 및 행사의 방향성에 대해 외래관광자를 인솔할 Tour Conductor 확인의 절차를 거쳐야 한다.

다. 호텔 체크인/아웃(Check In/Out Hotel)

호텔의 Check In을 Tour Conductor와 함께 체크를 하도록 하며, 호텔 내에서의 주의사항과 시설의 사용방법에 대해서도 약간의 설명을 곁들이도록 한다. Check Out할 때도 Tour Conductor와 함께 체크하여야 한다.

라. 관광통역안내사의 업무관리

적절한 관광통역안내사를 배치하였다면, 그에 따른 세부적인 업무의 지침을 체크하여야 한다. 수배된 호텔과 차량 등의 사용에서부터 관광일정과 관련된 제반 업무에 대해 통역 안내사가 충분히 숙지하고 업무에 임할 수 있도록 조력한다.

마. 관광조건과 일정표에 따른 행사집행의 점검

관광통역안내사를 배치하여 관광일정을 인솔하게 했더라도 관광이 완벽하게 수행되는지의 여부와 합의되었던 조건들이 정확히 이행되고 있는지 수시로 점검하도록 한다.

바. 행사의 평가와 불편사항 처리

Tour Conductor와 관광통역안내사 등을 통해 행사자체의 근본적인 결함이 없는지의 여부와 고객들의 반응을 통해 불편사항에 대해 즉각적인 대응을 할 수 있도록 하는 업무의 중요성은 갈수록 커지고 있다. 단순한 일회성 행사는 지양하고 더욱 발전될 수 있는 완벽한 서비스를 제공하기 위해서 항상 행사가 끝나면 평가하고 고객의 불편을 바로 처리해야 한다.

사. 샌딩 서비스(Sending Service)

행사의 마지막이 송객 서비스이다. 첫인상이 중요한 만큼 마지막도 중요하다. 고객에게 다시 오고자 하는 마음이 들도록 마지막 서비스도 최선을 다해야 한다. 공항의 도착은 최소한 2시간 전에 할 수 있도록 하고 고객의 수하물 접수와 출국절차를 친절하게 안내하도록 해야 한다.

5) 통역안내업무

가. 관광통역안내사의 자질

관광통역안내사는 국가의 회사를 대표하는 사람으로서 그 역할이 중요하다. 무엇보다도 국민의 대표자로서 애국심이 강해야 하며 성실하고, 세심하며, 친절해야 한다. 그리고 기본조건인 화술에 능통하여야 한다. 회화에 능하다고 해서 관광통역아내사의 자질이 다 갖추어져 있다고 판단해서는 안된다. 항상 자기를 가다듬고 준비할 수 있어야 한다. 또한 행사의 의뢰를 받다보면 회사에 마이너스가 되는 행사를 치뤄야 할 경우가 발생한다. 이런 경우는 납득하기 어렵지만 고정거래처일 경우 어쩔수 없는 경우가 되곤한다. 이럴 때 관광통역안내사는 마이너스 행사를 플러스 행사로 이끌 수 있어야 한다.

나. 행사지시서와 수배확인서의 이해

Tour Operation부서로부터 관광통역안내사는 행사지시서와 수배 확인서를 받게 된다. 단순히 서류를 받는다는 개념이 아니라 행사의 전권을 받게 되는 것이다. 동일한 코드번호의 행사가 반복된다고 무심히 받아 넘겨서 컴플레인이 발생되기도 하고 나중에 보상까지 하게 되는 경우도 비일비재하다. 수배확인서의 내용은 다시 한 번 확인해야 한다. 행사를 실시하게 되면 모든 책임은 관광통역안내사에게 주어지기 때문이다.

다. 관광통역안내사의 원활한 수행

관광통역안내사는 관광을 실시하면서 항상 고객과 함께 행동하게 되고, 외래관광사의 인솔자인 Tour Conductor와 일정 등을 상의하고 조정해 나간다. 따라서 먼저 고객의 얘기에 귀 기울여서는 안된다. 문제가 발생했을 때 모든 일에 있어서 순차적으로 해결하도록 해야 한다.

Tour Conductor와 먼저 상의 후 조치를 하는 것이 원칙이다. 그리고 이미 수배가 확인된 사항이라고 하더라도 계속 확인을 하며 안내 업무를 추진하여야 한다. 행사의 원활한 수행은 주어지는 것이 아니라 스스로 만들어가는 것이다. 급작스런 돌발 사태는 어디든 상주해 있다. 미리 방지할 수 있으면 좋지만 그렇지 못할 경우 어떻게 대응할 것인지를 스스로 대안을 지니고 있어야 한다.

라. 행사완료 보고서 작성

행사가 2박 3일이나 3박 4일이 되게 되면 초심자는 그때그때 바로 정산을 하지만 경륜이 쌓일수록 뒤로 미루게 되는 습관이 들게 된다. 하지만 이것은 그다지 좋은 방법이 아니다. 그날그날 임시정산을 하지 않으면 마지막 날 행사금의 일부라도 손실이 발생할 수 있는 여지가 많다. 또한 행사의 진행중에 현장에서 발생한 일이나 변경사항 등도 행사완료 보고서를 통해 보고하여야 한다.

관광통역안내사만이 관광자들의 호흡을 제대로 감지할 수 있고, 그 누구도 관광통역안내사의 고유영역에 대해 관여할 수 없기 때문에 관광지의 변화와 관광자들의 욕구, 필요를 판매부나 행사부에서 알기 쉽게 이해하도록 보고하여야 한다.

6) 정산 업무

정산업무란 행사가 종료되고 나서 행사보고서를 작성하여 단체에 대한 수익이나 지출을 근거서류 예약증이나 확인서 등을 첨부하여 경리적으로 마무리 짓는 작업을 말한다.

따라서 이미 제시된 행사계획서와 수배지시서 등의 내용과 실제 진행된 내용과를 비교·검토함과 동시에, 행사에 쓰기 위해 회사로부터 미리 영수한 전도금의 집행내역과 행사로 인해 발생된 수익선택관광, 쇼핑, 사진, 항공권 등 대매수수료, 기타 알선수수료를 빠짐없이 기록하여 행사에 대한 손익을 확정짓게 되는 것이다.

가. 여행경비의 결산 절차

▪ 최후에 결정된 여행조건과 비교하여 여행인원수의 변동 여부, 여행일정의 변동 여부, 숙박시설과 식사 조건 등이 변동되었을 경우 이에 따라 발생한 여행경비 변동사항을 확인한다.

▪ 관광통역안내사가 지출한 여행경비가 적절하게 지출되었는지를 확인하고, 지출내역을 증명할 수 있는 영수증을 첨부하여 회사에 제출하며, 영수한 금액 중 잔액을 입금하고, 이 때 반드시 취급담당자의 확인서명을 받아 두어야 한다.

▪ 쇼핑과 옵션여행으로 수익이 발생했을 때는 즉시 입금시키고, 만약 그

수익을 원화로 입금시킬 경우에는 외환증명 또는 이름을 증명하는 사유서를 첨부한다.

▪ 인솔자로부터 후불확인서를 받았을 때는 후불청구서 발행에 지장이 없도록 관리부서에 즉각 인계하고, 행사를 통한 수익을 점검하여, 개선사항을 확인한다. 이러한 점검절차가 완료되면 후불청구서가 작성된다. 여행종료와 함께 전체경비와 추가경비에 대해 확인서명을 받아 이 금액을 청구하고, 인솔자가 동행하지 않았을 경우에는 계획된 여행조건과 일정에 따른 경비만을 청구한다.

나. 관광경비의 정산

(1) 여행수탁금 수수 및 전도금의 책정

외국인여행업으로부터 여행행사 실시 전에 여행수탁금을 수수하는 것이 원칙이나, 후불거래 계약이 체결되어 있는 경우에는 행사 종료후 후불청구서를 작성하여 수수하게 된다. 어느 경우이든 전도금 전담부서는 행사 실시 전에 단체확정통보서를 근거로 하여 전도금을 책정하여 통역안내사에게 지급한다.

(2) 통역안내사 전도금 행사경비 집행 및 행사결과 보고

통역안내사는 행사실시 전에 전도금 전담부서로부터 전도금 행사경비를 수령하고, 이를 집행하게 된다. 통역안내사는 행사가 완료된 후 전도금 전담부서에 경비정산서를 제출하며, 단체부서에는 경비정산서와 안내보고서를 제출한다.

(3) 단체부서 정산서 작성

단체부서는 통역안내사로부터 접수된 경비정산서와 행사보고서 및 단체확정통보서를 대비·검토하여 여행조건의 변경 등으로 인해 발생한 환불 및 추가경비에 대한 인보이스를 작성한다.

(4) 정산부서 정산처리

정산부서는 단체부서로부터 정산서를 넘겨받아 안내사에 대한 단체입체금을 확정하고 국내의 여행소재업자에 대한 단체행사비 처리와 외국여행업자에 대한 인보이스 업무를 처리한다.

제4장 아웃 바운드

1. 아웃바운드의 개요

국외여행업(outbound)은 국외를 여행하는 내국인을 대상으로 제공되는 여행관련 제반업무를 말하며, 또한 자국의 여행객들을 해외로 송출하는 여행사를 국외여행업 아웃바운드라고 한다. 일반적으로 여행사에서 해외여행부라고 부르는 것은 아웃바운드를 취급하는 전체부서를 가리키는 것이다.

아웃바운드(outbound) 업무는 내국인의 국외여행에 관련되는 제업무를 지칭하는 것으로서 내국인을 대상으로 한 항공권의 판매, 여권 및 비자수속 절차대행, 국외여행 안내 업무 등이 포함된다. 아웃바운드 업무는 1983년 국외여행이 50세 이상부터 제한적으로 자유화되면서 본격적으로 시작되어 1989년 국외여행자유화가 되면서 수요의 증가에 힘입어 급속도로 발전된 업무영역이다.

아웃바운드 경영의 특성은 행사시 현지여행사(local agent)와의 관계에서 주도적(main agent)입장을 견지할 수 있으며 또한 국내시장을 대상으로 한다는 점에서 고객성향이나 시장분석이 용이하고 비교적 국내 또는 인바운드에 비해서 높은 수익률을 보장받을 수 있다.

2. 아웃바운드 업무

아웃바운드 업무는 기획개발부에서 개발한 여행상품을 판매부서에서 판매하고, 판매된 여행상품은 수속부서로 전달되어 항공, 여권/비자업무를 거친 후, 첨승부서에서 안내업무를 수행하며 최종적으로 관리부에서 정산을 하는 일련의 과정으로 이루어진다.

1) 아웃바운드 업무 내용

가. 아웃바운드의 수입원천

(1) 기획여행상품의 판매수수료 10% 정도
(2) 국제선 항공권의 판매수수료 5~7%
(3) 타사 기획여행상품의 판매수수료 5~18%
(4) 선택관광의 판매수수료 10%
(5) 여권 및 비자의 대행수수료 및 외환수속
(6) 여행 보험료 17~20%
(7) 쇼핑 커미션 약 5~30%
(8) 외국 호텔예약 10%

나. 아웃바운드 업무부서

(1) 기획개발 부서

시장조사 및 분석에 시장개발과 고객관리, 국외여행 상품의 기획, 생산업무와 회사광고 및 홍보를 위하여 브르셔를 제작하고 신문, 잡지, 인터넷 등에 회사의 이미지 광고나 여행상품 광고를 기획하고 집행하는 업무를 담당하는 부서이다. 뿐만 아니라 패키지 여행상품원가계산 및 판매가를 결정하는 부서이기도 하다.

(2) 판매부서

패키지 투어나 단체(GIT:group inclusive tour)여행상품 판매를 위하여 필요한 일체의 업무를 담당하는 부서이다. 일반적으로 패키지 투어 판매를 위하여 직판부(direct sales dept.), 대리점 판매부(agent sales dept.), 카운터 판매부(counter sales dept.)로 구분된다.

단체여행(GIT)일 경우에는 여행의뢰접수, 지상수배업자 선정, 지사수배업자에게 수배 및 견적의뢰, 일정표 작성 및 원가계산, 고객에게 여행조건 및 요금견적서 제시, 확정서 의뢰 및 접수(지상수배업자), 여권/비자발급 의뢰(수속부서), 항공권예약의뢰(카운터 부서), 행사계획서 발급 등의 업무를 수행한다.

(3) 수속부서

여권과 사증은 여행객의 국외여행에 반드시 필요한 여행서류이다. 여권은 외교통산부장관이 상대국에 자국민임을 알리고 보호를 요청하는 서류로서 국외를 여행하는 모든 내국인에게 필요한 서류이며, 비자는 특정국을 여행하려는 내국인을 해당국에서 허가해주는 일종의 입국 허가서로서 비자를 소지하여야 상대국에 입국할 수 있다. 수속부서는 이처럼 여행자가 국외를 여행하는데 필요한 서류인 여권과 비자 등을 여행자를 대신하여 발급해 주는 부서이다.

(4) 첨승(인솔안내)부서

단체해외여행자들과 동행하여 출국에서부터 여행목적지에서의 관광과 귀국에 이르기까지 여행자들을 관장하고 수행하는 업무를 담당하는 부서이다. 특히 여행자와 여행사간에 계약된 여행일정과 여행조건에 맞추어 여행목적지에서도 원활하게 이행되고 있는지를 관리하고 지휘하며 고객을 재창출하는 중요한 기능을 담당한다. 또한 현지에서 지상경비의 지불, 지출 등의 관리도 함께 맡고 있다. 이러한 업무를 담당하는 사람은 투어 컨덕터(tour conductor) 라고 한다.

(5) 카운터(항공예약발권)부서

국외여행시 필요한 항공권의 발권을 주요업무로 하는 부서이다. 발권부서는 항공사와의 관계와 항공운임의 계산 및 항공권의 예약 등을 담당하는 부서로서 점차 전문화되고 있는 것이 특징이다. 특히 항공운임은 내국인의 국외여행시 가장 높은 비율을 점유하는 것으로 항공운임의 계산이 여행객에게 많은 영향을 준다는 점에서 점차 그 역할이 중시되고 있다.

뿐만 아니라 워크인 게스트(walk-in guest)와의 여행상담 및 전화 상담에 관련한 업무를 담당하게 되는데, 카운터요원은 정확한 여행정보자로서 여행사에서 진행되고 있는 단체의 이동이나 여행수속 등과 국내외의 교통기관, 호텔, 관광자원, 관광지리, 각종 패키지상품에 대한 정보 및 이해를 필요로 하는 중요한 부서이다.

(6) 관리부서

회사의 일반적인 관리업무와 직원인사, 교육, 복리후생 및 회사 운영에 따른 자금 관리 및 정리 업무를 담당하고 있는 부서이다. 여행과 관련하여 단체행사 정산서, 지상수배업자의 인보이스 처리 등의 업무를 처리한다.

2) 카운터 업무

카운터(Counter)직원의 자세는 찾아온 고객에게 친밀감이 갈수 있도록 외모, 단정한 복장, 지나치지 않은 화장 등 객관적이긴 하지만 아름다운 미모에 지적인 외모, 친절한 서비스는 모든 사람으로 하여금 호감을 가지게 된다.

가. 카운터 직원의 자세

(1) 복장과 외모

단순하면서도 우아한 복장, 산뜻한 색깔 등은 보는 이로 하여금 호감을 가질 것이며 지나친 외모의 강조를 위하여 진한 화장 등은 찾아온 고객으로부터 좋은 결과를 가져온다고 생각하지는 않는다. 적성에 따라 알맞은 복장으로 회사의 전체분위기, Counter의 조명이나 환경에 잘 적응되도록 복장과 화장에 주의하여야 한다.

(2) 언어

말의 중요성은 두말할 필요가 없으며, 더구나 Counter 직원은 외부로부터 걸려오는 모든 전화를 받아야하기 때문에 표준말로 정중히 그리고 상냥하게 전화를 받는다는 것은 전혀 모르는 고객에게 흥미를 주며 잘못 걸려온 전화라도 언젠가는 우리의 고객이 된다는 마음으로 성의 있게 받아야 한다.

찾아온 손님과의 상담에서 미소를 머금고 상냥한 목소리로 품위 있는 언어를 구사한다는 것은 중요한 일이며 전혀 업무에 관계없이 들어와 어떠한 사항의 질문이나 길 안내 등을 문의한다 하더라도 정중하고 친절하게 대화를 하여야 한다.

(3) 친절과 환대

찾아온 고객을 반가운 마음으로 맞아들인다는 말이다. 반가운 마음으로 고객을 대하여 진심으로 'Guest is King' 이라는 마음가짐으로 열심히 서비스하여, 입구에 들어올 때나 상담을 끝내고 나갈 때까지 최선의 봉사정신을 가지고 일하여야 하며 고객이 나갈때에는 문까지 열어준다는 마음가짐으로 일하여야 한다.

(4) 외국어 회화

여행사는 국제사회의 국제기업으로서 언제 어떠한 외국인으로부터 전화상담 또는 방문할지 모르니 만국공통어인 영어회화의 외래관광자의 45%를 차지하는 일본어의 회화를 할 수 있도록 하여야 한다. 점점 국제사회로 국제세미나, 국제회의, 상용 등 외국인입국자수가 매년 늘어나고 있는 추세인 국제수준의 우리나라 여행사로서 국제관광자 유치의 측면에서 볼 때 필수적 요건인 외국어의 언어소통이 가능하도록 하여야 한다.

나. 카운터(Counter)직원의 업무

Counter란 여행사의 얼굴이며 (walking guest)를 상품화하는 업무와 전화로 문의해 온 고객을 상품화하는 업무요원으로 여행사에서 가장 중요한 직원으로

① 정확한 관광관계 지식

② 외모와 마음씨

③ Service 정신에 충만한 자

로서 현재의 미혼여성이 주류를 이루고 있으나 앞으로는 결혼한 여성과 풍부한 경험을 가진 여행사업계의 원로들이 참여하여 관광상담자로서의 역할을 담당하는것도 바람직하며 현실적으로 실력 있는 Counter직원의 부족으로 상당한 대우를 받고 있다.

Counter직원은 정확한 관광정보자로서 여행사에서 진행되고 있는 모든 단체의 이동이나 관광수속 등과 국내외의 교통기관(항공편, 철도, 고속버스, 국제여객선, Car Ferry, 유람선 등), 호텔, 관광자원, 관광지리, 각종 Package Tour(국내, 외래, 국외관광), 기타 관광상품 등에 대한 제반자료를 비치해 알고 있으므로 (walking guest)와의 상담에서 또는 걸려온 전화의 상담을 원활하고 호감이 갖도록 해야 한다.

카운터 직원이 갖추어야 할 지식은 다음과 같다.

(1) 전반적 지식

정치, 경제, 문화, 역사, 사회와 관광에 관한 지식을 다양하게 알고 있어야 한다.

(2) 일반상식

국내의 각종 소식이나 각국의 뉴스 까지도 잘 알고 있으며 시사성 있는 지식을 겸비하여야 한다.

(3) Counter가 있는 도시에 관한 지식

자기가 근무하고 있는 도시의 중요건물 위치라든가 자기사무실 주위의 각종 건물, 식당 Coffee shop 등의 위치를 잘 알고 있어야 지나가는 일반인들의 문의에 친절하게 즉시 알려 줄 수 있다.

(4) 국내외 각종 교통기관

국내 항공편, 국제선 항공편, 철도 Car Ferry, 전세버스, Rent a car, 국내연안부두의 여객선, 외항여객선, 유람선에 대하여 요금, 거리, 이용방법 등에 관한 사항을 상세히 알고 있어야 한다.

(5) 국내외 호텔

국내 관광, 국외 관광, 외래관광자들을 위하여 호텔의 요금제도와 위치 등에 관한 사항을 잘 알고 있어야 한다.

(6) 국내외·회의 및 문화행사

관광자를 위하여 각종 국내·외의 대규모 회의나 세미나에 대한 정보, 문화행사(음악회, 각종 Show나 Sports행사) 등에 관한 사항을 정확히 알아야 한다.

(7) 각종 패키지 투어(Package Tour) 지식

호텔을 이용하는 Hotel Special Plan이나 국내, 국외, 외래관광의 각종 Package Tour에 대한 충분한 지식이 필요하다.

3) 여행수속업무

가. 여권수속업무

(1) 여권의 개요

여권(passport)이란 국외여행을 하고자 하는 사람이 구비하여야 하는 가장 기본적이고 필수적인 여행서류로서 각국 정부가 자국민 또는 국적이 없는 외국인에게 국외여행을 할 수 있도록 발급해 주는 공식적 서류(official documentation)이다. 즉 여권이란 국가에서 발급하는 출국허가증이며, 각국이 여권을 소지한 여행자에 대하여 자국민임을 증명하고, 국외여행을 하는 동안 방문국의 편의와 보호에 대한 협조를 받을 수 있도록 하기 위해 발급하는 공식서류이다.

해외여행 결격사유가 없는 대한민국 국민은 누구나 외교통상부장관으로부터 여권을 발급받을 수 있으나, 대한민국 출입국관리법에 의해 발급을 거절당할 수도 있다. 여권발급은 외교통상부 여권과, 각 시·도청, 구청 또는 여행사에 신청을 하면 특별한 경우(개인적으로 법적인 문제에 연루되어 있거나, 출입국관리법에 의해 출국이 금지된 자)를 제외하고는 4일 정도 후에 발급되며, 본인이 스스로 신청을 해야 한다.

(2) 여권의 종류

▪ 사용자에 따른 여권의 종류

① 관용여권(유효기간: 5년)

공무로 여행하는 공무원 및 정부투자기관의 임직원 등과 기타 외교통상부장관이 인정하는 자에게 발급하는 여권이다.

② 외교관여권(유효기간: 5년)

대통령, 국회의장, 대법원장, 국무총리, 전직대통령, 그들의 배우자, 외교통상부장관 및 외교통상부소속 공무원 등과 외교통상부장관이 인정하는 자에게 발급하는 여권이다.

③ 일반여권(유효기간: 10년)

관용여권과 외교관여권 발급대상자가 아닌 대부분의 국민들을 대상으로 하는 여권으로, 이는 사용횟수에 따라 다음과 같이 분류 된다.

▪ 사용기간에 따른 종류

① 단수여권(Single Passport)

1년으로 1회에 한해 국외여행을 할 수 있는 여권이다.

② 복수여권(Multiple Passport)

유효기간 만료일까지 횟수에 제한 없이 국외여행을 할 수 있는 여권으로 유효기간이 10년, 5년(단, 18세 미만 자인 경우 5년)으로 부여된 유효기간 내에 횟수에 제한 없이 국외여행을 할 수 있는 여권이다.

▪ 기타

① 문화여권

a. 단체에 소속된 사람의 경우: 소속단체장 추천서, 단체등록금 사본, 재직 및 출장증명서

b. 단체에 소속되지 않은 경우: 자격을 증빙하는 서류, 귀국서약서

c. 발급대상자: 국제회의 참석 또는 국제기구에 근무하는 자, 국제경기 참석 또는 스포츠교류, 국외에서의 취재·공연 또는 영화촬영, 문화목적의 연수, 선교사업, 국내치료가 불가능한 질병치료, 단기학술연구, 학생의 단기국외연수 및 시찰 등.

② 가족동거여권

해외주재증명서, 주민등록등본 또는 호적등본, 관광여권 공통 구비 서류

③ 해외이주여권

해외이주허가서, 영주허가서 및 이민사증 최장기 체류

④ 유학여권

학생기록카드, 입학허가서를 가지고 있는 사람에 대해서는 발급

⑤ 취업여권

해외취업초청장, 구인신고필증, 일반구비서류, 노동부 허가서

▪ 여권의 구성 및 내용

현재 우리나라에서 발급되고 있는 여권의 규격은 '8.8cm×2.5cm'로, 여권 내부는 대한민국 국민이 여권소지자의 여행에 따른 편의 및 보호 제공을 요청하는 외교통상부장관의 요청문과 여권소지자의 사진을 비롯하여 다음을 내용들로 구성되어 있다.

① 여권 번호

각 여권에 대한 고유의 일련번호로서 여권의 상단에 표기되는데, 분실시의 재발급 및 조회 등을 위해서도 필요하다.

② 인적 사항

인적사항으로 설명을 비롯하여 성별·생년월일·주민등록번호·국적 등이 표기되는데, 여권발급권자 이외에는 내용을 함부로 정정할 수 없기 때문에 여권을 수령 했을때에는 기재사항의 착오가 없는지 확인해야 한다. 만약 기재내용에 이상이 있을 경우에는 기재사항의 변경신청을 하여 정정받아야 한다.

③ 여권발급일(Date of Issue) 및 기간만료일(Date of Expiry)

여권의 효력이 발생하는 날인 발급일과 효력이 상실되는 유효기간 만료일이 표기 된다.

④ 발행국 및 발행관청

여권 발행국가의 코드와 발행관청의 영문명이 기재된다.

⑤ 소지인의 서명

여권의 소지자임을 증명하기 위한 서명란에는 여행자수표의 사용 등을 대비해 본인이 항시 사용하고 남이 모방할 수 없는 고유의 서명을 하는 것이 바람직하다.

⑥ 사증란

여행목적국의 비자와 각국 출입국시 검열 스탬프를 찍는 란으로 사용되며, 여권기간이 남아 있는 경우 사증란이 부족할 경우는 추가할 수 있다.

▪ 여권의 발급절차

① 신청서 작성(민원인) → 접수(민원실) → 신원조회확인 → 경찰청(정보과 신원반) → 결과회보(미회보시 서류보완) → 여권서류심사 → 여권제작 → 여권교부

② 여권발급체계를 간소화하기 위해 외교교통상부(여권발급), 경찰청(신원조회), 개별전산망을 통하여 처리되던 기존의 여권발급체계를 행정자치부(주민등록), 병무청(병적조회)의 전산망과 상호연결한 통합전산망 시스템인 여권발급 민원전산망을 확인하고 있다.

③ 접수증과 신분증(주민등록증·운전면허증·공무원증 등에서 택일)을 제시하면 여권 교부대상 기록하고 교부한다.

나. 비자수속업무

(1) 비자의 개요

비자는 방문하고자 하는 상대국의 정부에서 입국을 허가해 주는 일종의 허가증으로 방문국 해외공판(대사관 또는 영사관)이 방문자가 소지한 여권의 유효성과 방문자의 자국에 입국 및 체재에 대한 타당성을 심사하여 발급하는 것이다. 여행계획을 세우고 방문하고자 하는 국가가 결정되면 방문하고자 하는 나라에서 비자를 필요로 하는지를 확인해야 한다. 비자가 필요한 국가들 중에는 방문목적에 따라, 체류기간에 따라 다를수도 있고, 요구하는 구비서류도 다른 경우가 있다.

최근 우리나라는 많은 나라들과 비자면제협정을 맺고 있으며, 이들 국가들은 단기간의 여행시에는 비자가 필요치 않으나, 허용하는 기간을 초과하여 체류할 때에는 반드시 체류목적에 맞는 비자를 받아야 한다. 비자에는 입국의 종류와 목적 및 체류기간 등이 명시되어 있으며, 여권의 사증란에 스템프나 스티커를 붙여 발급하게 된다. 통상 비자는 여권의 비자란에 스템프를 찍거나 스티커를 부착하는 형태로 발급받게 된다.

(2) 비자의 종류

비자의 종류는 국가에 따라 차이가 있지만 일반적인 기준에 의한 분류는 다음과 같다.

① 입국목적에 따른 분류

▪ 입국비자(entry visa): 입국을 목적으로 교부되는 비자로서 구체적인 방문목적에 따라 대체로 다음과 같이 구분할 수 있다.

a. 관광비자(tourist visa): 관광이나 친지방문 등 사업활동을 하지 않는 단순목적의 여행자에게 발급하는 비자

b. 상용비자(commercial visa): 사업차 일시적으로 방문하는 상용목적의 입국자에게 발급하는 비자

c. 유학비자(study visa): 수학이나 연구의 목적으로 장기체류를 요구하는 입국자에게 발급하는 비자로 수학이나 연구 이외의 활동을 할 수 없다.

d. 취업비자(employment visa): 단기 또는 장기 취업목적으로 입국하는 자에게 발급하는 비자

e. 이민비자(emigration visa): 영주를 목적으로 입국하는 자에게 발급하는 비자

▪ 통과 또는 경유비자(transit visa): 제3국으로 향하는 과정에서 필요에 의해 도중 경유지에 들리는 경우 해당 경유국에서 단기간 체류를 허락하여 발급해 주는 비자

② 사용횟수에 따른 분류

a. 단수비자(single visa): 1회 입국에 한하여 유효한 비자

b. 복수비자(multiple visa): 유효기간동안 횟수에 관계없이 입국할 수 있는 비자

③ 비자의 상호면제(Visa Waiver Agreement)

비자의 상호면제협정이란 우리나라와 특정국가간에 여행할 때에 서로 상대방 국민들의 여행편의를 도모하기 위해 일반여행자에 대하여 단기간의 체류에 대해 국가 간 비자의 상호면제협정을 체결함으로써 비자를 받지 않고도 입출국을 보장하는 것을 특정국간 자국민의 여행의 편의를 도모함으로써 자국의 관광산업을 확대·발전시키기 위해 순수관광목적의 여행객에 대하여 국가 간 체약국간에 비자 없이도 자유로운 입국을 허용하는 것을 말한다.

비자는 해당국의 대사관이나 영사관에 신청하여 보통 여권에 발급을 받으나, 비자상호면제협정 국가는 한국에서 비자를 받지 않고 방문국가의 공항이나 항만 및 기타 입국하는 지점의 출입국관리소에서 여권에 직접 체류허가(체류기간, 입국장소와 일자)를 명시한 스템프를 받고 여권만 제시하고 통과하면 된다.

우리나라는 동남아의 대부분 국가와 유럽국가·중남미국가들과 비자면제

협정을 대부분이 3개월에서 6개월 정도 짧은 기간 동안 관광목적의 입국이 허용되어 있다. 그러나 비자의 상호면제협정이 체결된 국가라 할지라도 취업이나 영리적인 사업 및 유학·상사주재·거주 등의 목적으로 상대국가에 입국할 때에는 비자를 발급받아야 한다.

<표 Ⅳ-1> 비자면제국

면제기간	국가명
30일	남아프리카공화국, 사이판, 캄보디아, 스리랑카
60일	레소토, 이탈리아, 포르투갈
3개월 (90일)	그레나다, 그리스, 네덜란드, 노르웨이, 뉴질랜드, 덴마크, 도미니카, 도미니카연방, 독일, 라이베리아, 룩셈부르크, 리히텐슈타인, 말레이시아, 멕시코, 모로코, 바하마, 벨기에, 불가리아, 브라질, 세인트루시아, 스웨덴, 스위스, 스페인, 슬로바키아, 싱가포르, 아르헨티나, 아이슬란드, 아이티, 아일랜드, 엘살바도르, 오스트리아, 이스라엘, 자메이카, 체코, 콜롬비아, 태국, 터키, 페루, 폴란드, 프랑스, 핀란드, 헝가리
6개월	영국, 캐나다
기타 기간	괌(14일), 마카오(20일), 싱가포르(14일, 연장시 90일), 필리핀(21일), 홍콩(14일), 대만(15일), 베트남(14일), 피지(4개월)

④ 무비자 체류(TWOV: Transit Without visa)

무비자체류란 비자의 상호면제협정과 그 내용이 약간 다른 것으로 목적지가 제3국인 통과여행자의 항공기 연결 등을 위해 정식 비자를 않았더라도 여행자가 일정한 조건을 갖추고 있으면 입국 및 일시적 체류를 허가하는 제도인데, 일반적으로 외교관계가 수립되어 있는 국가간에만 적용된다. 그 조건으로는 제3국으로 여행할 수 있는 예약 확인된 항공권(일부 국가는 return ticket도 가능)의 소지자로 제3국으로 여행할 수 있는 여행서류를 구비하고 있어야 한다. 현재 무사증출입가능국가는 27개국이 등록되어 있으며(일본·서유럽·호주·뉴질랜드 등), 특별협정을 맺고 있는 캐나다 역시 무사증 입국대상국이다(시민권자만 해당).

단, VWP 국가의 경우 미국이 요구하는 양식을 가진 기계인식 여권을 소지하여야 하며, 2005년 10월 26일부터는 생체정보를 추가로 기록해야만 비자를 면제받을 수 있다. VWP는 TWOV보다 상위개념이고, 특별협정은 VWP보다 상위개념에 속하므로 TWOV 중단 후에도 이들 나라들은 무비자 경유가 계속 가능하다(단, 신여권 소지자). 그리고 VWP 해당국가가 아니더라도 TWOV 중단조치 이후에는 경유비자(단수비자)에 한해 제3국에서도 비자신청이 가능하다(기타 비자는 정해진 요건을 갖춘 경우에 한해 제3국 신청가능).

⑤ 비자신청

비자는 유효한 여권을 소지한 여행자에게 교부되므로 비자신청은 당연히 여권취득이 전체조건이 된다.

입국시는 물론, 비자신청에 일정기간(국가별로 통상 3~6개월)이상의 유효기간이 남아 있는 여권을 요구하는 국가들이 많으므로, 비자 신청시 또는 입국시 해당 국가별로 요구하는 여권의 잔존유효기간을 반드시 확인해야만 한다.

⑥ 비자의 기재사항

비자의 양식은 국가별로 차이가 있지만, 일반적인 기재내용은 다음과 같다.

a. 비자번호
b. 발급국가의 고유한 문장표시
c. 비자의 종류(관광·상용·취업 등)
d. 비자의 발급일 및 만료일(유효기간)
e. 단수 또는 복수의 구분
f. 비자 발급대상자의 인적 사항(성명·성별·생년월일·국적 등)
g. 비자수수료(visa fee)

4) 여행일정 작성업무

여행을 하기 위해서는 제일 먼저 여행계획을 세우는 것부터 시작되는데, 여행일정 작성업무는 여행사업무 중에서 기본적이면서도 가장 중요한 업무 중의 하나이다. 그 이유는 여행은 일정(itinerary)과 여행조건(tour condition)에 따라 진행되는데, 이것을 건물에 비교하면 여행일정은 설계도와 같은 것이며, 여행조건은 어떤 재료를 사용해서 어디까지 건축업자의 부담으로 해서 지을 것인가를 결정하는 것과도 같다.

일반여행객은 보다 편리하고 안전한 여행을 하기 위해서 여행사를 이용하며 여행정보를 얻는다. 또한 자기의 희망이나 조건을 알리고 가급적 마음에 드는 관광일정을 작성하여 줄 것을 의뢰한다. 특히 시간적 또는 금전적 낭비가 생길 우려가 높기 때문에 여행행객 자신이 여행계획을 세우거나 관광일정을 작성하기란 쉽지가 않다.

훌륭한 여행일정이란 여행객의 관점에서 보면 자신의 기대가 충족되고 만족을 얻을 수 있는 여행일정을 말하며, 여행사의 입장에서는 여행객의 신뢰를 확보함으로써 여행상품의 판매력을 제고시킬 수 있는 완벽한 일정을 의미한다. 다시 말하면 여행일정작성은 무형의 상품을 유형화 상품으로 만드는 과정으로 여행객의 요구조건, 기호, 특성, 여행목적, 여행경비 등을 고려한 여행일정을 작성해야 한다.

가. 여행일정표 구성요소

여행일정표 구성요소로 여행기간·여행구간·교통편·숙박시설·식사조건·여행일정·쇼핑 등을 들 수 있는데, 자세한 내용은 다음과 같다.

(1) 여행기간

해당단체의 여행출발일과 도착일을 기입한다.

(2) 여행구간

현재 일자별로 여행객이 어느 지역에서 여행과 숙박을 하고 있는지 위치파악을 위해 일목요연하게 기입한다.

(3) 교통편

여행구간의 이동시 교통편, 즉 항공기·기차·선박·버스 등 어느 것을 이용하는지를 기입한다. 비행기를 이용할 경우 항공사 이름과 편명·시간을 꼭 기입해야 하고, 기차 이용시에도 열차번호·출발시간·도착시간 등을 꼭 기입해야 센딩과 미팅시 착오없이 예정된 시간에 만날 수 있다.

(4) 숙박시설

숙박할 호텔의 이름과 등급 특급, 일급, 관광호텔 등을 표시하고, 또한 호텔의 전화번호, 주소를 기입한다.

(5) 식사조건

현지관광 중이거나 이동 중일 경우 식사의 배분이 한식인지 현지식 중국식, 일식, 현지음식 인지, 아니면 기내식인지, 아침식사장소로 호텔에 있는 식당인지 또는 외부에 있는 식당인지를 표시하고, 식사란에 조직·중식·석식 등으로 구분하여 기입한다.

(6) 여행일정

여행일자별·시간대별로 여행 코스가 자세히 기입되어야 한다. 여행일정표에는 기본일정과 선택 옵션 일정 등을 자세히 구분하여 여행객들이 여행출발 전에 미리 일정을 알고 갈 수 있도록 고지해야 한다. 일정대로 행사가 진행되지 않을 경우 여행객들에게 큰 불만을 살 수가 있다.

(7) 쇼핑

관광지 명소관광 이외에 여행객에 따라서는 쇼핑도 부수적으로 큰 기대감과 즐거움이 될 수 있다. 그러나 쇼핑이 주가 되고 관광이 부가 되면 즐거운 여행에 있어서 마이너스 요인이 되고 만다. 따라서 일정표를 작성할 때 현지관광지에서 무리한 쇼핑 강요 등을 방지하기 위하여 여행출발 전에 쇼핑에 대한 사전설명을 해주거나 현지에서 인솔자가 적절한 운영의 묘미를 살려 진행시키면 쇼핑에 대한 문제를 해소시킬 수 있을 것이다.

나. 여행일정표(itinerary) 작성

(1) 여행객의 입장에서 일정을 작성한다.

여행객의 입장에서 일정 작성시 회사의 이익에도 부합한다는 사실을 인식하고 작성한다.

(2) 여유 있는 일정으로 작성한다.

특별한 경우를 제외하고는 조기출발이나 심야도착을 가급적 피해야 한다. 또 하루의 대부분을 이동시간에 보내는 것을 피해야 한다. 따라서 너무 많은 관광지의 방문일정은 삼가는 것이 좋다.

(3) 여행객에게 기본관광일정에 선택관광이 함께 제시 될 수 있도록 작성한다.

'기본일정+선택관광 포함' 또는 '기본일정+선택관광 불포함'의 종류 두 가지를 비교·선택할 수 있도록 다양한 일정을 만들어 제시한다.

(4) 숙박시설, 관광목적지의 호텔을 신중하게 선정한다.

특별한 조건이 없는 경우 접근성·이동성·편리성 등을 고려하여 선정하면 좋다. 여행객은 호텔의 내부적인 면보다 외향적인 고급화를 더 선호하는 경향이 있으므로 수배시 고려한다.

(5) 식사계획은 메뉴의 다양화와 동선을 고려해서 작성한다.

동일한 장소에서 중복된 식사가 이루어질 경우 여행객은 지루함을 느낄 수 있기 때문에 음식을 차별화시켜 여행객구성원 모두가 좋아 할 수 있는 메뉴의 개발이 필요하다. 따라서 모처럼의 해외여행에 여행객들이 지역의 독특한 음식문화를 느낄 수 있게 식사장소와 메뉴의 다양화에 신경을 써야 한다. 일반적으로 조식은 호텔, 중식은 현지식, 석식은 한식으로 구성한다.

(6) 관광일정 중 불가피한 일정변경에 대비해 대안일정을 준비한다.

항공기 결항, 기상조건, 현지사정 변경 등에 대비하여 대안일정을 마련해 두어 여행객의 사후불만 발생시 대응방안을 준비한다. 여행객이 요구하는 일정상의 모순이 있거나 무리한 요구를 할 때에는 전체일정, 인원을 고려하여 납득시켜 교정한다.

5) 원가계산업무

가. 원가 구성요소

원가계산은 운임, 지상경비, 기타경비로 구분한다. 즉 항공운임과 선박운임, 숙박비, 식사비, 관광비, 가이드비, 첨승원비용, 지상수송비, 세금과 여권발급비, 사증수속비, 보험료 등으로 구성되어있다. 여행상품 원가의 구성요소는 <그림 Ⅳ-1>과 같이 요약할 수 있다.

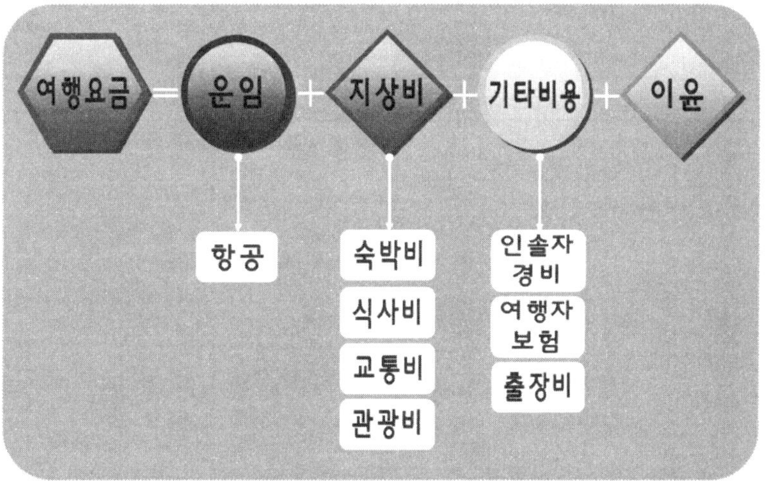

<그림 Ⅳ-1> 여행상품 원가 구성요소

나. 원가계산서 작성방법

여행상품가격을 산출하기 위해서는 여행상품의 원가에 일정한 이익과 비용을 합산하는 원가계산서를 작성해야 한다. 항공운임이 확정되면, 앞에서 작성된 수배확정서에 의해 산출된 지상비, 추정이익 그리고 수속비와 TC 출장비 등 소요비용을 합산하여 총 가격을 산출한다. 이렇게 산출된 가격을 여행상품 행사 구성인원으로 나누면 고객 1인당 비용이 된다. 이 1인당 비용을 경쟁사의 유사한 여행상품과 비교한 후 여행사의 전략을 고려하여 여행상품의 가격을 결정하게 된다.

<표 Ⅳ-2> 여행상품 일정표 예시

일자	도 시	교 통	내 역	식 사
1	인 천 방 콕	KE651	16:10 인천국제공항 출발 20:10 방콕 스완나품 국제공항 도착 호텔 투숙	기내식
2	방 콕 파타야	전용차량	민속쇼, 코끼리쇼, 식물원, 악어농장 관광	조식: 호텔식 중식: 한식 석식: 씨푸드
3	파타야	선 편	산호점 자유시간 코끼리 트래킹과 미니시암, 전통안마	조식: 호텔식 중식: 한식 석식: 타이하우스
4	방 콕	전용차량 KE652	수상시장, 왕궁, 새벽사원 관광 00:50 방콕 스완나품 국제공항 출발	조식:호텔식 중식: 한식 석식: 로얄드래곤
5	인 천		08:00 인천국제공항 도착	

- 태국 현지공항세 500바트는 미포함입니다.
- 가이드, 기사의 팁은 하루 $10 정도입니다.

<표 Ⅳ-3> 여행상품 수배 확정 일정

GROUP PERIOD	BKK,PTYA(3N4D)
PERIOD	10/20~10/23
HOTEL	BANGKOL REDISONHOTEL(01-338-2356) PATTAYA CHOLCHAN HOTEL(02-415-2800_)
CONDITION	HTL, MEAL, KOREAN G/D, AIR TAX, ENTRANCE FEE. etc
REMARKS	

일 자	내 역
12 AUG	20:10 방콕 스완나품 국제 공항 도착 호텔투숙
13 AUG	민속춤, 코끼리쇼, 식물원, 악어농장 관광
14 AUG	산호섬 자유시간코끼리 트래킹과 미니시암, 전통안마
15 AUG	수상시장, 왕궁, 새벽사원 00:50 방콕 스완나품 국제공항 출발
16 AUG	08:00 인천국제공항 도착 후 해산

*HOTEL 및 상기 일정은 현지사정에 따라 변경될 수 있습니다.
*BKK OFFICE TEL 01-782-4559

상기와 같이 작성된 수배확정서에 대해 11명, 16명 기준으로 원가계산서를 작성하면 다음 <표 Ⅳ-4>과 같다.

<표 Ⅳ-4> 해외단체 원가계산 예

인원		10+1 FOC		15+1 FOC	
내역		산출근거	1인당(₩)	산출근거	1인당(₩)
항공운임		인천/방콕/인천	390,000	인천/방콕/인천	390,000
지상경비		$120 x 1100	132,000	$120 x 1100	132,000
항공료+지상비			**522,000**		**522,000**
기타비용	T/C항공료	300000 x 50%÷10	15,000		0
	T/C지상비	$120 x 1100 x 50%÷10	6,600		0
	T/C출장비	$30 x 5일 x 1100÷10명	16,500	$30 x 5일 x 1100÷15명	11,000
	유류할증료	100000원 x 11명÷10명	110,000	100000원 x 16명÷15명	107,000
	여행자보험	6000원 x 11명÷10명	6,600	6000원 x 16명÷15명	6,400
	비자피		0		0
	소계		159,200		124,400
판매원가			**681,200**		**646,400**
수수료			68,120		64,640
판매가(1인요금)			**750,000**		**710,000**

나. 여행일정표 작성

(1) 여행상품 견적서 작성실무

여행상품의 원가계산은 원가계산서 뿐만 아니라 여행요금 계산서, 여행요금 견적서로도 작성된다. 원가계산서는 여행상품의 가격을 산출하기 위해서 여행사 내부적으로 작성되는 서류인데 반해, 여행요금 견적서는 여행상품의 거래를 위해 여행사가 잠재고객에게 거래내용과 가격을 제시하기 위해 작성하는 제안서의 일종이다.

원래 견적서는 장래에 발생할 거래를 위해 재화나 용역을 공급하고자 작성하는 것으로서 각종 경비를 포함한 가격을 미리 산출하고, 그 내용을 구체적으로 기재하여 잠재고객에게 제시한다. 따라서 거래 당사자가 견적에 의거하여 쌍방의 합의가 이루어지면 계약이 성립된다.

여행견적서는 고객에게 보일 목적으로 작성하는 것이므로 여행상품가격이 합리적으로 보여야한다. 따라서 원가계산서와는 그 작성방식에 차이가 있다.

(2) 여행상품 견적서의 작성방법

견적서에 나타나는 여행상품가격은 원가계산서에서 작성되어 최종 결정된 여행상품가격으로 변경 없이 징수할 수 있어야 한다. 그러나 그 내용은 원가계산서와 달리 고객이 이해할 수 있는 합리적인 가격으로 보일 수 있도록 작성하고 내부적인 항목이 나타나지 않도록 한다.

따라서 TC의 FOC TKT, TC의 출장비, 통신료, 추가서비스료 등의 항목은 표기하지 않고, 항공요금, 지상비, 보험료, 공항세 등 고객이 쉽게 이해할 수 있는 항목만을 표기한다. 또한 각 항목의 표기방법은 다음과 같다.

① 항공요금

실제 가격과 할인 NET, 요금을 자세하게 기록하지 않는다. 다만, 고객에게 제시할 항공요금만을 기재한다. 또한 FOC에 대해 따로 명시하지 않는다.

② 지상비

자세한 내역을 쓰지 않고 1인당 모든 일정에 소요되는 비용을 달러로 명시한다. 고객에게 제시하는 지역별, 여행상품의 종류별로 특성에 따라 이해 가능한 금액을 제시한다. 다만, 구체적인 내용에 있어서의 포함과 미포함 여부를 정확하게 명시한다.

③ 보험료 및 공항세

1인당 여행자보험료를 산출하여 현지공항의 출국세 및 공항세를 제시한다.

(3) 여행상품 견적서 작성연습

항공, 지상비, 보험료, 태국 공항세 등을 명시하며, 이것은 정보제공이 필요한 경우 작성할 수 있으나, 이때 각 항목의 금액은 고객이 납득할 수 있는 금액으로 작성한다. 즉 실제 원가계산서에서 작성된 해당금액을 그대로 기입하지는 않으며, 원가계산서의 모든 항목을 모두 표기하지 않고 몇 개의 대표 항목만으로 묶는다는 의미이다.

결국 고객이 납득할 수 있는 범위 내에서 지상비와 항공료의 항목을 적절히 배분하여 구성하는 것이 좋은데, 그 이유는 견적서에 회사 내부 자료인 원가계산서의 금액을 그대로 공개하면 무리가 따르기 때문이다. 또한 항공, 지상비, 보험료, 공항세 등의 합계를 제시하고자 하는 여행상품의 총액보다 적게 구성하는 것이 좋다. 오해의 소지를 없애기 위해 상단 부분의 자세한 금액 표기를 없애고 해외여행 조건 및 요금견적서의 내용만으로 견적서를 구성하기도 한다.

<표 Ⅳ-5> 수배/견적의뢰서

수배/견적의뢰서

T O: MANILA TOURS　　　　　　　　　DATE: 10 DEC, 2011

AT수: 김우진 차장님

FROM: TU TRAVEL AGENCY

단체명	OOOPTY	일정	4박5일	인원	15+1(T/C)
여행기간	2012년 1월 10일~2012년 1월 14일				
·포함사항 : 1등급호텔(2인1실), ·현지교통수단 : 미니버스1대, ·현지가이드: 1인 한국어					

일자	지역	교통편	시간	일정	식사
제1일 1/10 (수)	인천 마닐라	KE621	06:30 08:30 11:25 14:00 18:00	인천공항 약국 앞 집결 인천출발 마닐라 도착 후 라구나로 이동 팍상한 카누타기, 폭포관광 마닐라 귀환 석식 및 호텔 투숙	기내식 중:한정식 석:현지식
제2일 1/11 (목)	마닐라 깔리보 보라카이	PR025 선편	오전 13:40 14:40 오후	조식 후 시내관광 (리잘공원, 산티아고요새) 마닐라 출발 칼리보 도착 후 까띠끌란 경유 보라카이로 이동 석식및 호텔 투숙	조:호텔식 중:한정식 석:현지식
제3일 1/12 (금)	보라카이		전일	해변에서 휴식 및 자유시간 (선택관광 : 호핑투어, 체험다이빙, 트라이시클 등)	조:호텔식 중:한정식 석:현지식
제4일 1/13 (토)	보라카이 깔리보 마닐라	버스 PR024	15:10 16:10	조식 후 해변휴식 및 자유시간 중식 후 국내선 공항으로 이동 깔리보 출발 마닐라 도착후 리잘공원 관광 석식 및 호텔 투숙	조:현지식 중:현지식 석:사이사끼
제5일 1/14 (일)	마닐라 인천	KE622	12:30 17:45	조식 후 공항으로 이동 마닐라 출발 인천국제공항 도착	조:호텔식 기내식

*상기 일정은 현지사정에 의하여 변동될 수 있습니다.

<표 Ⅳ-6> 수배확인 및 견적서

수배확인 및 견적서(OFFER SHEET)

T O : TU TRAVEL AGENCY　　　　DATE : 10 DEC, 2011

ATTN : 나영석 부장님

FROM : PHILIPPINE TOURS

단체명	PTY	일정	4N5D	인원	15+1FOC=16PAX	기간	10. JAN-14. JAN. 2012
TOUR REE(P/P)	P/P US$ 250×15PAX			TOTAL TOUR FEE	US $3,750		

①·HOTEL NAME : 일정참조
②·ROOM : TWN 8
③·MEAL : BRF(6) LUNCH(5) DINNER(6)
④GUID : KOREAN SPEAKING GUIDE

· PAYMENT : PUSAN
· CONDITION : FULL PENSION
· ADMISSION FEE : INCLUDE
· TRANSPORTATION : MINIBUS

일자	지역	교통편	시간	일정	식사
제1일 1/10 (수)	인천 마닐라	KE621	06:30 08:30 11:25 14:00 18:00	인천공항 약국 앞 집결 인천출발 마닐라 도착 후 라구나로 이동 팍상한 카누타기, 폭포관광 마닐라 귀환 석식 및 호텔 투숙	기내식 중 : 한정식 석 : 현지식
				The Manila or same class	
제2일 1/11 (목)	마닐라 칼리보 보라카이	 PR025 선편	오전 13:40 14:40 오후	조식 후 시내관광 (리잘공원, 산티아고요새) 마닐라 출발 칼리보 도착 후 까띠끌란 경유 보라카이로 이동 석식 및 호텔 투숙	조 : 호텔식 중 : 한정식 석 : 현지식
				Regency or same class	
제3일 1/12 (금)	보라카이		전일	해변에서 휴식 및 자유시간 (선택관광 : 호핑투어, 체험다이빙, 트라이시클 등)	조 : 호텔식 중 : 한정식 석 : 현지식
				Regency or same class	
제4일 1/13 (토)	보라카이 칼리보 마닐라	버스 PR024	 15:10 16:10	조식 후 해변휴식 및 자유시간 중식 후 국내선 공항으로 이동 칼리보 출발 마닐라 도착 후 리잘공원 관광 석식 및 호텔 투숙	조 : 현지식 중 : 현지식 석:사이사끼
				The Manila or same class	
제5일 1/14 (일)	 마닐라	 KE622	 12:30 17:45	조식 후 공항으로 이동 마닐라 출발 인천국제공항 도착	조 : 호텔식 기내식

*상기 일정은 현지사정에 의하여 변동될 수 있습니다.

<표 Ⅳ-7> 확정통보서

확정통보서(CONFIRM SHEET)

T　O : TU TRAVEL AGENCY　　　　　DATE : 10 DEC, 2011

ATTN : 나영석 부장님

FROM : MANILA TOURS

단체명	PTY	일정	4N5D	인원	15+1FOC=16PAX	기간	10. JAN-14. JAN. 2012
TOUR REE(P/P)	P/P US$ 250×15PAX			TOTAL TOUR FEE	US $3,750		
①·HOTEL NAME : 일정참조 ②·ROOM : TWN 8 ③·MEAL : BRF(6) LUNCH(5) DINNER(6) ④GUID : KOREAN SPEAKING GUIDE				· PAYMENT : PUSAN · CONDITION : FULL PENSION · ADMISSION FEE : INCLUDE · TRANSPORTATION : MINI BUS			

일자	지역	교통편	시간	일정	식사
제1일 1/10 (수)	인천 마닐라	KE621	06:30 08:30 11:25 14:00 18:00	인천공항 약국 앞 집결 인천출발 마닐라 도착 후 라구나로 이동 팍상한 카누타기, 폭포관광 마닐라 귀환 석식 및 호텔 투숙	기내식 중:한정식 석:현지식
				The Manila (512-3300)	
제2일 1/11 (목)	마닐라 칼리보 보라카이	 PR025 선편	오전 13:40 14:40 오후	조식 후 시내관광 (리잘공원, 산티아고요새) 마닐라 출발 칼리보 도착 후 까띠끌란 경유 보라카이로 이동 석식 및 호텔 투숙	조:호텔식 중:한정식 석:현지식
				Regency (692-2250)	
제3일 1/12 (금)	보라카이		전일	해변에서 휴식 및 자유시간 (선택관광 : 호핑투어, 체험다이빙, 트라이시클 등)	조:호텔식 중:한정식 석:현지식
				Regency	
제4일 1/13 (토)	보라카이 칼리보 마닐라	버스 PR024	 15:10 16:10	조식 후 해변휴식 및 자유시간 중식 후 국내선 공항으로 이동 칼리보 출발 마닐라 도착 후 리잘공원 관광 석식및 호텔 투숙	조:현지식 중:현지식 석:사이사끼
				The Manila (512-3300)	
제5일 1/14 (일)	 마닐라	 KE622	 12:30 17:45	조식 후 공항으로 이동 마닐라 출발 인천국제공항 도착	조:호텔식 기내식

*상기 일정은 현지사정에 의하여 변동될 수 있습니다.

제5장 국외여행인솔

1. 국외 여행인솔의 개요

1) 국외 여행인솔자의 정의

국외여행인솔자란 "국외여행의 출발에서 종료까지 여행객이 안전하고 쾌적하게 여행을 즐길 수 있도록 단체여행에 동행하여 여행자와 계획된 투어 일정의 원활한 진행을 관리하는 자"를 말한다.

1981년 4월 11일 여행알선업을 허가제에서 등록제로 전환하면서 여행대리점업이 신설되었다. 이때 처음으로 국외여행안내원(TC: Tour Conductor) 제도가 신설되었다.

현재 관광진흥법 제13조에서는 국외여행인솔자 조항을 통해 내국인의 국외여행을 인솔하는 자를 '국외여행인솔자'라 명하고, 국외여행인솔자가 되기 위해서는 일정한 법적 자격요건을 갖추어야 함을 규정하고 있다.

국외여행인솔자란 국외여행의 출발준비로부터 시작해서 여행 종료시까지 여행객을 관리하고 지휘하는 사람으로서, 단체관광이나 개인 관광시에 동행하여 계획된 현지일정의 원활한 진행은 물론, 여행객의 편의를 위해 상황에 따라 적절한 조치를 취하는 여행연출가라 할 수 있다.

2) 국외 여행 인솔자 관련용어

문화관광부에서는 국외여행인솔자 자격증을 '국외여행인솔자 인정증'이라 칭하고, 영문으로는 'Overseas Tour Escort Licence'로 표기하고 있어 'Tour Conductor'가 아닌 'Tour Escort'로 표기하여 국외여행인솔자를 뜻하는 용어로 사용하고 있다. 한편 여행업계에서는 이와 같은 국외여행인솔자를 일반적으로 보통 TC 라고 칭하고 있다.

TC는 Tour Conductor의 약자이다. 이와 유사한 용어로는 한국에서는 국외여행인솔자, 안내원, Tour Conductor(TC), Tour Leader, Tour Escort, 외국에서는 Tour Conductor, Tour Leader, Tour Escort, Tour Director, Tour Manager, 일본에서는 '텐조인' 등의 명칭을 사용하고 있

다.

국외여행인솔자에 대한 용어는 다양하게 쓰이고 있다. 여행업계에서는 '투어 컨덕터(Tour Conductor)'의 약자인 'T/C'를 많이 사용하고 있으며 '투어 리더(tour leader)' 라고도 한다.

<표 V-1> 국외여행인솔자 관련 용어

용 어	해 설
Tour Conductor	국외여행인솔자의 가장 일반적인 영어표현으로 Conductor란 오케스트라의 '지휘자'에 비교됨.
Tour Leader	여행 '지도자'라는 의미로 유럽이나 동남아에서 널리 사용
Tour Escort	Escort는 '호위자, 보호자'의 의미로서 여행자의 안전관리에 의미를 부여.
Tour Director	Director는 '지시자, 관리자'를 의미하는 것으로서 여행일정을 총관하여 감독하는 의미.
Tour Manager	책임자 또는 관리자로서의 의미.
Tour Master	유럽지역 일부에서 사용하는 용어로서 '전문가'의 의미.
텐조인	일본에서 사용하고 있는 용어로서 여행자와 함께한다는 의미.
국외여행인솔자	한국의 관광진흥법 제13조 제2항에서 규정하고 있는 정식용어.

3) 국외 여행 인솔업무

국외 여행인솔업무는 해당여행사에서 출장명령이 떨어지게 되면 설명회 개최부터 담당부서 OP와 협의하여 수배서, 최종확정서, 인보이스, 룸밍리스트, 여행일정표, 단체규모 및 성격파악, 고객명단을 체크해야 하며, 더불어 카운터와 PNR 처리, 항공권 수령, 선택관광 체크, 여행객들의 정보, 미팅 Board, 투어 랜드피, 여권, 비자, 고객요구 업무사항, 고객특별사항, 대리점 요구사항 등에서부터 도착업무까지 모든 업무를 체크하는 출장업무라고 할 수 있다.

2. 국외 여행인솔자의 자격 및 특성

1) 국외 여행인솔자의 자격

관광진흥법 제13조에서는 “여행업자가 내국인의 국외여행을 실시할 경우, 여행자의 안전 및 편의제공을 위하여 당해 여행을 인솔하는 자를 둘 때에는 문화관광부령이 정하는 요건에 적합한 자를 두어야 한다”고 규정하고 있다.

국외여행인솔자 조항을 통해서 내국인의 국외여행을 인솔하는 자를 국외여행인솔자라 명하고, 국외여행인솔자가 되기 위해서는 일정한 법적 자격요건을 갖추어야함을 규정하고 있다.

관광진흥법 시행규칙 제21조(국외여행인솔자의 자격요건)에서는

① 법 제13조의 규정에 의하여 국외여행을 인솔하는 자는 다음 각 호의 1에 해당하는 자격요건을 갖추어야 한다.

1. 관광통역안내사 자격을 취득할 것
2. 여행업체에서 1년 이상 근무하고 국외여행 경험이 있는 자로서 문화관광부 장관이 정하는 소정의 교육을 이수할 것
3. 문화관광부 장관이 지정하는 교육기관에서 국외여행인솔에 필요한 교육을 이수할 것

② 문화관광부 장관은 제1항 제2호 및 제3호의 규정에 의한 교육내용교육기관의 지정기준 및 절차, 기타 지정에 필요한 사항을 정하여 고시하여야 한다.

1998년 12월 2일부터는 다음과 같은 자에게 국외여행인솔자의 자격을 부여하고 있다.

관광통역안내원 자격증을 취득한자, 여행업체에서 2년 이상 근무하고 국외여행경험이 있는 자로서 문화관광부장관이 정하는 소정의 교육을 이

수한 자, 문화관광부장관이 정하는 교육기관에서 국외여행인솔자에 필요한 교육을 이수한 자(사내교육기관/전문교육기관)

2) 국외 여행인솔자의 기본자질

(가) 풍부한 업무지식

국외여행인솔자는 여행상품의 내용, 여행의 계약내용(contract)과 계약조건(tour conditions), 여권 및 비자 발급 내용, 항공 관련 업무내용, 출입국수속(immigrations), 숙박(accomodations), 수배업무(tour arrangement), 보험(insurance) 등 각종 여행 전반에 대한 업무지식이 반드시 필요하다. 특히 사고 및 긴급상황에 대처하는 방법 등의 업무지식이 필요하다. 사고나 긴급상황에 대처하는 방법 등 풍부한 업무지식이 없으면 현지에서 일어날 수 있는 상황에 적절하게 대처할 수가 없다.

TC는 업무와 관련된 지식을 완벽하게 갖추지 않으면 단체를 인솔할 때 변화무쌍한 상황에 적절하게 조치하거나 판단을 해야 하고 여행객을 다루는데 있어서도 자신감 있게 응대하여 고객들에게 신뢰를 받을 수 있어야 한다.

따라서 TC는 여행전문가로서 여행객들이 무엇을 물어보든지 필요한 정보를 제공해 줄 수 있도록 평소에 업무지식을 축적하여 준비를 해두어야 한다.

(나) 원만한 성격

인솔업무가 자신의 성격(personality)에 맞아야 한다. 여행자들의 요구는 날로 다양화되어가고 있으며, 또한 요구조건도 점점 더 많아지고 있는 것이 현실이다. 고객들의 불만과 불평은 항상 존재하고 있다는 사실을 반드시 명심해야 할 것이다. 이때 쉽게 흥분하거나 자제력을 잃지 말아야 할 것이다.

인솔자의 행동 하나가 여행자들에게 보여주는 의미는 그날의 기분을 좌우 할 수도 있고, 심각한 불안을 느낄 수도 있다는 것을 명심해야 한다. TC 업무 수행시에는 여행객으로부터 불만과 불평이 나오는 경우가 잦으므로, 언제든지 불평·불만을 받아들일 마음가짐이 필요하다. 조금은 지나치다 하더라도 그 요구사항을 받아들이려는 자세를 갖추고 있어야 한다.

(다) 훌륭한 어학 실력과 편안한 화법

TC는 업무수행 능력뿐만 아니라 외국어 구사능력이 있어야 한다. 예상하지 못한 발생했을 때 관계자와 협상할 수 있을 정도의 충분한 일상회화가 가능해야한다. 우리말도 가급적이면 부드럽고 차분하면서 명료하게 설명을 할 수 있어야 한다.

국외여행 업무는 외국에서 이루어지기 때문에 어학 실력은 필수조건이므로, 국제적으로 통용되는 영어 구사능력뿐만 아니라 일본어·중국어·스페인어·독일어 등도 조금씩은 구사할 수 있어야 할 것이다.

인솔업무 중에는 호텔 측이나 항공사 측과 직접 해결해야 하는 일들이 종종 발생하게 된다. 이때 현지 가이드에게만 의존하는 모습은 바람직하지 못하므로 현지 여행업자와 고객들로부터 신뢰를 얻기 위해서는 반드시 훌륭한 어학 실력을 갖추어야 한다.

(라) 건강한 체력

인솔자의 업무는 일반적인 근무시간과 달리, 새벽부터 저녁 늦게까지, 때로는 24시간을 근무해야 할 경우도 있으므로 건강을 해치기 쉽다. 특히 전문 TC는 단 거리보다 장거리 여행, 무난한 여행상품보다는 까다로운 여행상품에 주로 배치되기 때문에 장시간의 비행시간과 시차 부적응(time lag) 현상, 수면시간 부족, 불규칙한 생활, 음주와 흡연, 극심한 스트레스 등 여러 가지 요인이 복합적으로 작용하여 심각한 건강상의 손상을 입을 수 있다.

여행자들은 야간투어를 원하는 경우가 많기 때문에 인솔자에게 야간에도 동행해 줄 것을 요구하기도 한다. 시차 적응, 다른 문화와의 접촉, 까다로운 여행객에 대한 갈등 등으로 육체적·정신적 피로가 많으므로 건강은 TC의 제1의 조건이다. 건강을 유지하기 위하여 평소에 규칙적으로 운동하거나 자신의 건강관리에 특별히 유념해야 한다.

(마) 리더십과 판단력

인솔자는 단체여행자, 개개인 뿐만 아니라 현지에서는 가이드(local guide), 버스 운전기사(bus driver), 현지 지상수배업자(local operator) 등과 지속적으로 접촉해야한다. 호텔·공항에서도 관련 담당자들과 직접적으로 업무를 수행해야 하며, 이러한 업무 중에 사람들과의 유대관계를 어떻게 잘하느냐에 따라 여행의 성공과 실패를 좌우된다.

인솔자는 객관적인 입장에서 다수의 여행자들을 위해 원만하고 과감하게 방향을 설성하여야 한다. 즉 소수의 여행자들을 설득하고 이해시켜 전폭적인 신임과 지지를 받음으로써 원만하게 행사를 진행하는 통솔력(leadership)이 반드시 필요하다.

또한 유능한 TC는 단체여행객을 잘 통제하고 리드할 수 있어야 하며, 침착하고 냉정한 판단력이 필요하다.

3) 국외 여행인솔자의 특성

▪ 직업의 매력 : 화려한 직업이다, 국외여행을 할 수 있다, 자유스럽다, 다양한계층의 사람들을 만날 수 있다, 충분한 금전적 보상도 가능하다, 다양한 여행혜택을 누릴 수 있다, 세금혜택을 누린다.

▪ 직업의 고충 : 안정된 일상생활이 힘든 직업이다, 많은 스트레스를 받는 직업이다, 계절성이 강한 직업이다, 수익이 일정하지 않는 직업이다, 건강을 해칠 수 있는 직업이다, 겉으로만 화려한 직업이다

4) 국외여행인솔자의 역할

국외여행인솔자의 역할은 고객과의 약속한 여행일정을 원활하게 진행하고, 고객에게는 만족과 동시에 여행사를 신뢰할 수 있는 기회를 마련해야 한다. 회사의 입장에서는 일정한 수익의 확보와 재수요 창출로 인한 고정고객의 증가가 무엇보다 중요할 것이다.

국외여행인솔자는 단순하게 안전을 위해 동행하는 형태가 아니라 고객에 대한 만족과 불만족에 영향을 준다. 국외여행인솔자의 능력에 따라 단체여행의 성공과 실패가 달려 있다고 해도 과언이 아니다. 또한 유능한 TC는 고객의 재방문을 창출할 수 있기 때문에 국외여행인솔자의 역할은 매우 중요하다.

<표 V-2> 국외여행인솔자의 역할

역할	내용
여정의 관리자	계약된 여정을 계획대로 정확하고 원활하게 진행해야 할 책임자로서의 역할을 한다.
회사의 대표자	여행사를 대표하여 여행객뿐만 아니라 여행 관련업자간의 계약내용의 이행에 관한 점검 책임자로서의 역할을 한다.
여행자의 보호자	여행중 안전사고 등 각종 사고에 대비하여 여행자가 불안감을 느끼지 않도록 책임지는 역할을 한다.
여행경비 관리자	지상비(land fee) 및 여행경비(tour fee)의 집행에 관한 관리자로서의 역할을 한다.
Entertainment	가치(value) 있고 추억에 남는 여행이 될 수 있도록 즐거움의 제공자로서의 역할을 한다.
고객의 재창조	재방문자(repeater)를 창출하는데 노력하여 고정고객을 확보하는 역할을 한다.

자료: 이현동(2007)

3. 국외 여행인솔자의 유형

해외여행 자유화 이전에는 대부분 여행사의 일반사원들이 출장형식으로 국외여행인솔 업무를 수행하는 것이 관례였으나, 여행사의 업무가 복잡다양해지고, 업무량도 많아짐에 따라 전문, 전속, 프리랜서 TC의 이용이 빈번하게 되었다. 특히 일본지역은 현지 가이드의 가이드 비용이 비싼 관계로 TC가 현지에 도착하면 현지가이드 역할을 동시에 하는 'Through Guide TC'가 늘어나고 있다.

또한 유럽에서는 여러 나라를 방문할 시 방문하는 나라마다 현지 가이드는 수배하기도 불편하고, 아주 짧은 시간에 거쳐 갈 경우도 있기 때문에 유능한 Through Guide TC의 역할은 점점 더 많아지고 있다.

1) 국외 여행인솔자의 종류

국외여행인솔자의 종류는 소속 및 보수 형태에 따라 여행사의 일반사원으로 근무하면서 출장형태로 하는 TC, 여행사 소속 전문 TC, 파견회사(협회) 촉탁 TC, 프리랜서 TC, 협회 소속 TC, Through Guide TC 등으로 분류할 수 있다.

가. 여행사의 일반사원

여행사의 소속된 일반사원으로서 평소에는 사내의 업무인 기획(planning), 판매(sales), 발권(ticketing), 수배(operation) 등의 담당업무를 수행하다가 여행단체가 형성되면 회사의 출장명령에 의해서 TC 업무를 수행하는 유형이다.

TC의 업무가 단순히 단체여행객과 동행하는 것이 아니므로 여행사의 실무적인 업무를 완벽하게 수행할 수 있어야 한다.

단체여행객을 인솔할 경우에 흔히 고객들로 부터 여행에 관한 수많은 질문을 받게 된다. 따라서 그에 대한 정확하고 명쾌한 답변을 할 수 없다면 인솔자로서의 신뢰를 받지 못하게 된다. 아무리 나름대로 인솔을 잘했다 하더라도 고객은 인솔자를 신뢰하지 못하면 불안을 느낄 것이고, 수요의 재창출 및 고정고객 창출로 연결되기 어렵다.

그러므로 여행사의 일반사원으로서의 경험이 없거나 여행사의 실무적인 내용을 모르고서는 인솔자의 역할을 원활하게 수행하기가 힘들기 때문에 TC가 되기 위해서는 일반사원으로서의 근무경험이 중요하다.

현재 대부분의 여행사에서는 이런 형태의 TC가 통상적이다. 특히 소규모의 여행사의 경우에는 대체로 이러한 형태로 국외여행인솔 업무를 수행하고 있다.

나. 여행사 소속 전문 TC

여행사 소속 전문 TC란 여행사에 정식직원으로 소속되어 있으면서 TC 업무만을 전담으로 하는 사원이다. 여행사에서 단체가 형성되면 국외여행인솔자로서의 업무를 담당하는 형태로 계약관계를 맺고 있는 형태이다.

보수는 일정액의 기본급과 출장일수에 따라 일당(per day)을 지급하는 것이 원칙이나 회사에서 출장일수와 연간수익을 어느 정도는 보장해줄 수 있는 여행사 직원이라고 할 수 있다. 이러한 TC는 일반사원보다 업무능력과 현지에서는 상황 대처능력이 뛰어나기 때문에 회사에서도 안심하고 단체를 맡길 수 있어 까다로운 단체나 문제발생의 소지가 있는 단체가 있을 때는 유리하다.

전문 TC가 되기 위해서는 많은 해외여행 진행경험과 여행사 · 항공사 등 여행 관련업체 근무경력이 있거나 유창한 어학 실력과 국외여행인솔자 자격증의 소지는 필수적이다.

전문 TC는 상근직과 비상근직이 있으며, 상근직 TC는 행사가 없을 때에는 회사 내의 일반 업무를 담당하기도 한다. 비상근직 TC는 평소 단체가 없으면 출근을 하지 않아도 된다. 그러므로 다른 직원에 비해 기본적인 보수는 낮게 책정되는 것이 보통이다.

자사에 소속된 전문 TC를 보유하고 있으면 언제든지 출장을 보낼 수 있는 장점이 있기 때문에 대체로 패키지 투어(package tour)를 전문으로 하는 대형여행사들이 여행사 소속 전문 TC를 많이 확보하고 있다.

다. 파견회사(협회) 촉탁 TC

최근에는 TC 대행회사나 협회에서 등록·촉탁 등으로 다수의 전문 TC를 보유하여 여행사의 의뢰에 따라 TC 업무를 전담하게 하는 경우도 있다.

파견회사는 다수의 여행사와 촉탁계약을 체결한 후, 자사 소속의 TC에게 연락하고, 일정한 수수료를 받고 출장을 보내는 것이다. 패키지 투어를 전문으로 하는 여행사들이 이런 유형의 TC를 대량 확보하고 있다.

촉탁 TC는 일정한 보수, 즉 기본급이 없는 것이 대부분이고, 그 대신 일정기간의 출장횟수를 보장받으며, 출장횟수에 따른 출장비와 인센티브가 있다. 고객과의 피드백이 좋고 능력 있는 TC는 월급형태보다 더 많은 수입을 얻을 수 있는 것이 장점이다. 또한 상근하지 않고, 행사가 있을 때만 촉탁한 여행사의 TC만을 전담하여 인솔업무를 하여 연간, 또는 월간 최저 수입을 보장받는다.

라. 프리랜서 TC

프리랜서(free lancer) TC는 특정한 여행사에 소속되지 않고 어떤 여행사에서 의뢰요청이 있을 때 의뢰를 받아 국외여행인솔 업무를 담당하는 TC를 말한다. 이러한 형태의 TC는 출장비와 쇼핑, 선택관광의 수수료, 그리고 팁이 주 수입원이 된다.

프리랜서 TC는 특정 여행사에 속하지 않고 자유롭게 활동할 수 있고, 여행사가 인솔을 의뢰하더라도 거절할 수 있으며, 본인의 일정에 따라 출장 여부를 결정하는 형태이다. 또한 여행사의 전문 TC와 마찬가지로 해외출장 경험이 풍부하고, 업무능력과 현지에서의 상황 대처능력이 뛰어나기 때문에 까다로운 단체고객이나 전문가 집단의 단체를 주로 인솔하는 경우가 많다.

프리랜서로서 인정받기 위해서는 상당한 노력과 시간이 요구되며, 여러 여행사들과 지속적으로 좋은 유대관계를 가져야 한다. 여행장의 확대와 더불어 점차 이런 형태의 TC가 활성화되고 있다.

마. Through Guide TC

Through Guide TC는 단독가이드 겸 TC라고 할 수 있다. 일반적으로 TC 업무를 수행하면서 현지 도착 이후에는 현지 가이드를 겸하는 TC로서 일본·중국·유럽지역에서 주로 이루어지고 있는 형태의 TC를 말한다.

현지 가이드 비용이 비싼 이유에서 발생한 형태의 TC로, 대부분의 영어통역안내사, 일본어통역안내사, 중국어통역안내사 등의 자격증을 소지하고 있으면서 TC 경력이 많은 인솔자이다.

Through Guide TC는 현지사정을 잘 알고 있으므로 버스기사와 함께 현지 가이드 없이 직접 현지에서 행사를 진행하는 형태이다. 이러한 형태의 TC는 인솔자 수입, 현지 가이드 수입, 쇼핑, 선택관광 등에 대한 많은 수입을 보장받는다.

Through Guide TC이 어떠한 TC보다 업무능력과 현지의 사정이나 외국어 능력이 뛰어나야 하는 것이 필수적이다.

<표 V-3> 국외여행인솔자의 유형

종 류	내 용
여행사 일반사원	소속 여행사의 업무를 담당하면서 TC 업무를 병행함
여행사 소속 전문 TC	특정 여행사에 소속되어 TC 업무만을 전문적으로 함
파견회사 촉탁 TC	TC 대행회사나 협회에 등록되어 여행사의 의뢰에 따라 TC 업무를 수행함
프리랜서 TC	특정 여행사에 속하지 않고, 여행사의 의뢰요청에 따라 TC 업무를 수행함
Through Guide TC	현지 가이드 없이 모든 일정을 단독으로 TC 업무를 수행함

2) TC의 자격요건

<표 Ⅴ-4> 학자별 TC 기본 요건

학자	구분	항목	
Martha Sarbey de Souto (1985)		· 외향적인 성격 · 상식 · 자제력 및 인간관계능력 · 균형성 · 통제력과 단호함	· 조직력 · 감정이입 · 희생정신 · 리더십 · 건강
Marc Mancini (1990)		· 외향적인 성격 · 인간관계능력 · 조사연구능력	· 결단력 · 조직력 · 윤리의식
Robert T. Reilly (1991)	후천적 자질과 재능	· 고객유치능력 · 방문지역 언어 · 경험과 연령	· 방문지역 지식 · 교육수준과 지적 능력 · 응급조치능력
	선천적 성격	· 성실과 충성심 · 긍정적 예측 · 냉정함과 침착싱 · 건강 · 유연성 · 희생정신 · 예측 및 예감능력 · 사교능력 및 대표능력	· 결단력 · 자신감 · 따뜻한 성격 · 신속성과 민첩성 · 근면 · 깨끗하고 단정한 용모 · 관광객간 친교유지능력
이영식 (1995)		· 어학능력과 풍부한 업무지식 · 건강 · 정확한 판단력과 책임감 · 연출가능력	· 환대정신 · 역사·지리 등의 지식과 교양 · 리더십
임용식 (1998)		· 뛰어난 어학력 · 체력 · 전문가정신 · 유머감각 · 좋은 지도력	· 외국 역사·문화에 대한 해박한 지식 · 국제적인 감각 및 예의 · 서비스정신 · 해박한 상식 · 올바른 판단력
조현준 (1998)		· 사명감 · 다양한 업무지식 · 세련되고 편안한 화법 · 건강한 체력	· 원만하고 활달한 성격 · 훌륭한 어학실력 · 뛰어난 통솔력과 판단력
박시사 (1999)		· 풍부한 업무지식 · 어학실력과 편안한 화법 · 리더십과 판단력	· 완만한 성격 · 지속가능한 건강
김정하 (2006)		· 건강 및 해박한 업무지식 · 리더십과 융화력	· 상황대처능력 · 외국어능력과 국제감각

자료: 권문호 등(2008)

4. 국외 여행인솔자의 업무

1) 국외여행인솔자의 업무내용

기본적으로 국외여행인솔자의 업무는 크게 여행 전, 여행 중, 여행 후로 구분되나 첨승 업무인 여행 중 업무가 국외여행인솔업무의 핵심이 된다고 볼 수 있다.

<표 V-5> 국외 여행 인솔자의 여행전 업무내용

시간	관련부서·업무	업무내용
여행전	판매부	·단체의 성격 및 특성을 미리 파악 ·판매조건상의 특이사항이 있는가를 협의 ·이탈자 유무 및 이탈자의 개인 일정을 파악 ·패키지여행인 경우 소매업자의 특별 요청 유무 ·그룹여행인 경우 특별 수배사항유무 확인, 단체 오가나이저의 성격과 회사와의 관계 등을 파악
	수배부	·현지 여행사의 회사명, 전화번호, 긴급연락망, 가이드현황 등을 숙지 ·항공권과 PNR, 바우처 및 필요한 서류 인수 ·이탈자에 대한 수배사항과 지불범위 파악
	업무부	·여권 및 비자 등 여행관련 문서 수령 및 특이사항 파악
	인솔자 자신	·현지 사정(여행지의 역사, 문화, 기후, 환율, 출입국수속상의 규제 등)의 연구와 숙지 ·이용 항공기의 기종, 도중 기착지, 실제 운항소요시간, 기내식 등의 파악, 현지호텔의 위치와 특성, 객실의 조건 등의 파악과 버스(회사명, 전화번호, 차량번호)와 식당, 관광의 내용 등에 대해 파악 ·참가자리스트, 객실배정표, 수하물꼬리표, 현지 출입국카드, 비상약, 전등, 계산기, 사무용품 등의 용품과 서류 준비

<표 V-6> 국외 여행 인솔자의 출발일 업무내용

시간	관련부서·업무	업무내용
출발일	공항	·집합시간 30분~1시간 전에 도착 후 항공좌석 배정 ·손님 집합 후 휴대수하물과 위탁수하물의 분리 ·전자항공권 교부 후 개인적으로 항공사 카운터에서 탑승권을 교부 받도록 하고 수하물 탁송후 수하물꼬리표를 수령하도록 조치 ·여행참가자를 출국장으로 안내후 세관신고 및 출입국심사를 거쳐 탑승 게이트로 이동, 출발 20분 전까지 탑승
	기내	·배정받은 좌석으로 안내, 동행 또는 일행이 떨어진 경우 항공기가 정상고도를 유지하면 좌석조정 ·기내 시설 및 기내 서비스, 기내식 메뉴에 대해 안내 ·운항승무원들과 협조체제 유지 및 입국서류 및 세관신고서 작성요령을 설명하고 안내 ·도중기착의 경우 트랜짓 라운지로 안내 및 재탑승 시 이용게이트를 안내 ·접속편일 경우 트랜짓 카운터에서 연결 탑승절차 업무를 수행하고 손님들을 안전하게 인도하며, 수하물의 연결에 대해 탑승 전에 필히 해당항공사에 확인

<표 V-7> 국외 여행 인솔자의 출발일 도착업무내용

시간	관련부서·업무	업무내용
도착	공항	·목적지에 착륙하면 항공기가 완전히 도착할 때까지 착석 유도하고, 기내 분실물이 없도록 확인 ·QIC 순으로 입국 수속을 안내하고, 여행객의 수속절차를 보조 ·도착수하물 확인과 절차를 마치고 포터를 이용하여 짐을 운반시키고, 환전을 안내하며, 경우에 따라 세관에 보관하는 절차를 안내 ·라운지에서 현지 가이드나 여행사 직원과 미팅 후 버스에 탑승토록 안내, 단장 및 오가나이저 도착 인사 후 가이드 소개
	호텔	·호텔에 도착, 로비에서 잠시 대기토록 안내 한 후 숙박카드를 기재하고 객실열쇠 수령하여 객실을 배정-이때 노약자나 어린이는 승강기에서 가까운 방을 배정 ·호텔사용의 유의사항(현관 자동잠금장치, Safety Box, 미니바, 유료 TV, 욕조사용법 및 에티켓 등) 안내 및 호텔네임카드 이용시기와 방법을 설명하고, 포터를 통하여 손님의 짐을 각 객실로 운반한 후 짐 운반 및 객실이상 유무를 확인 - 이상이 있을 때에는 수리하거나 객실을 교환토록 조치 ·식당 및 부대시설 이용방법을 확인한 후 웨이크업콜 등을 부탁 ·현지 여행사, 가이드와 여행일정 및 조건 등을 최종 점검하고, 항공기 재확인 방법 등을 상의하고 비상연락방법을 확인

<표 V-8> 국외 여행 인솔자의 현지 업무내용

시간	관련부서·업무	업무내용
현지	식당	·식당 및 배저된 식탁의 위치를 확인하고 식사시간 등을 점검 ·메뉴 및 디저트의 내용을 확인하고 식사방법을 알아본 후 손님에게 안내 ·물, 음료수 등의 구분과 지불한도, 방법에 대해 종업원과 협의 후 안내
	관광지	·예정된 일정대로 여행을 진행하며 현지가이드와 협조하여 쾌적하고 즐거운 여행이 되도록 노력하며, 손님에게 시간을 엄수토록 안내 ·좌석을 적절하게 배정하며, 앞좌석에 앉아 운전기사를 감독 ·팀이탈시 합류방법 등을 안내하고, 임의선택관광을 적절하게 판매
	쇼핑 시	·현지가이드와 협의 후 안내하되 쇼핑시 지나친 개입 삼가 ·귀국 시 면세금액한도 및 통관 금지 품목 안내, 항공기 탑승시 수하물 허용량에 대해 주지시킴 ·면세서류 작성시 보조적 역할과 면세혜택을 받을 수 있도록 안내 ·충동구매에 대해 주의를 환기시키고, 장시간 쇼핑으로 인하여 동행자에게 피해를 주지 않도록 조정관리

<표 V-9> 국외 여행 인솔자의 귀국 업무내용

시간	관련부서·업무	업무내용
귀국	출국준비와 입국	·출발 72시간 전에 항공예약 재확인 및 출국 당일 항공기 정시 운항여부 확인 ·체크아웃 시 개인비용 정산 조치 및 객실과 Safety Bos에 귀중품 방치 여부 확인 ·현지 여행사와 최종 정산업무 처리(지상경비청구서 확인, 옵션, 쇼핑정산) ·세관신고 및 면세품 인도, 세관 보관물품 반환과 재환전 안내, 좌석배정, 수하물탁송, 세관, 출국심사 순으로 출국을 안내

<표 V-10> 국외 여행 인솔자의 여행후 업무내용

시간	관련부서·업무	업무내용
여행 후	보고 및 애프터 서비스	·여행안내보고서 및 정산서를 작성 후 경리부서와 예비비 및 기타 수수료를 정산 ·단체의 문제점 및 개선책 등 전반적인 사항에 대하여 관련 부서에 보고 ·여행참가자들에게 귀국인사 및 정기적인 안부연락

2) 국외여행 출장준비 업무

가. 사전정보의 수집

국외여행인솔자는 출장 중 업무를 제대로 수행하기 위해서는 출장 전 준비를 철저하게 하는 것이 무엇보다도 중요하다.

국외여행인솔자는 평상시에 일반적인 지식이나 정보수집을 꾸준하게 해야 한다. 즉 세계 각국에 대한 자료 수집, TV의 해외여행을 테마로 한 시리즈(세계는 지금, 지구탐험대, 관광전문채널), 지상수배업자를 통한 새로운 정보의 입수 등 관광과 관련된 모든 정보를 여행자들 보다 많은 정보를 가지기 위해 노력을 해야 할 필요가 있다.

해외 출장 경험이 아무리 많다고 해도 사전 준비를 철저하게 준비하지 않는다면 업무수행 중 원활한 업무처리의 혼선이나 단체여행객들에 돌이킬 수 없는 결과를 초래할 수도 있다. 그러므로 국외여행인솔자는 현지의 여러 가지 정보의 습득과 더불어 인솔할 단체의 규모, 성격의 파악, 그리고 인솔자 자신의 준비물 등을 꼼꼼하게 준비를 해야한다.

나. 현지 정보의 습득

국외여행인솔자는 단체 여행객으로부터 신뢰를 받기 위해서는 누구보다도 현지의 생생한 정보를 습득하고 있어야 한다. 현지의 정보에 대한 내용을 살펴보면 다음과 같다

(1) 도착국가의 공항정보
(2) 현지의 기후조건 및 계절정보
(3) 현지의 특별한 법규 및 독특한 풍습
(4) 현지의 치안상태 및 주의해야 할 사항들
(5) 천재지변 및 전염성 질병의 발생여부
(6) 현지의 시차
(7) 관광지 정보 및 숙박할 호텔의 정보

다. 단체의 규모 및 성향 파악

국외 여행인솔자는 여행 출발 전에 반드시 출발단체의 구성원이 몇 명인지를 파악해야 한다. 또한 단체 구성원들의 연령대, 성별의 구성비, 여행목적, 단체의 성향 등을 사전에 반드시 확인하여야 한다. 국외여행인솔자의 단체 구성원의 팀칼라(team color)에 따라 인솔방향을 사전에 달리 설정해야 한다. 따라서 국외여행인솔자는 인솔할 단체의 규모 및 성향에 맞게 치밀한 사전준비를 해야 한다.

- 단체의 인원수: 16명이상, 32명 이상, 48명 이상
- 연령대: 20대, 30대, 40대, 50대 이상, 혼합단체, 가족동반
- 성별의 구성비: 남성단체, 여성단체, 부부동반
- 여행목적: 친목회, 사회단체, 산업시찰, 인센티브, 효도관광, 신혼여행 등
- 단체 구성원의 성향: 구성원의 직업적 특성, 여행경험의 유무 등

라. 인솔자 개인 준비 사항

국외여행인솔자가 해외출장 전에 미리 준비해야 할 준비사항은 다음과 같다.

(1) 출발전 건강관리

인솔자는 출장가기 몇 일전부터 자신의 건강관리에 세심한 주의를 하여 최고의 컨디션으로 업무에 임해야 한다. 수면을 충분하게 취하고 폭음이나 과식은 피하는 것이 좋다.

(2) 출장시의 복장

지나치게 화려한 색상의 의상이나 점잖지 못한 복장은 피하는 것이 좋다. 행사일정에 따라 간편한 정장으로 복장을 준비하는 것이 좋다.

- 타인이 볼 때 깨끗하고 단정해 보이는 복장을 착용하도록 한다.

▪ 신발은 단화와 같은 준정장 스타일의 간편한 구두식 형태가 좋다.

(3) 여성인솔자의 경우

▪ 화장은 엷게 하여 신선함을 주도록 하는 것이 좋다.
▪ 귀고리, 팔찌 등과 같은 장신구를 부착하지 않는 것이 좋다.
▪ 지나치게 화려한 복장을 삼간다.

(4) 기타

말을 많이 할 경우 입 냄새(구취)가 날 수 있으므로 구강청정제 및 은단 등을 준비하여 두는 것도 좋다.

마. 개인 휴대품의 준비

(1) 여행용 가방·휴대용 가방 각 1개
(2) 여행자용 상비약
(3) 세면도구 및 화장품
(4) 명함 및 필기도구
(5) 알람시계 및 손목시계
(6) 전자사전 및 현지지도
(7) 기타

바. 해외출장 전 최종 점검사항

국외 여행인솔자는 해외출장 전 꼭 챙겨야 하는 중요한 서류와 행사 중에서 필요한 사항들을 반드시 사전에 점검을 해야 한다.

여행사의 수배담당자로부터 인수받을 서류를 사전에 본인이 확인해야 한다. 그렇지 않으면 행사 진행 중 누락된 서류가 있게 되면 곤란하다. 이는 원활한 행사진행의 방해요소일 뿐만 아니라 단체여행객들로부터 회사의 신뢰문제와 연관이 되기 때문에 반드시 점검해야 한다.

해외출장에 관한 사전 점검사항들을 살펴보면 다음과 같다.

(1) 여행일정표
(2) 여권·비자의 인수 및 확인
(3) 단체항공권의 인수 및 확인
(4) 출입국신고서의 작성
(5) 세관신고서 작성
(6) 최종수배확인서 수령
(7) 고객명단표의 인수 및 확인
(8) 객실배정표의 작성
(9) 바우쳐의 인수 및 확인
(10) 병무관계서류 확인
(11) 여행자 보험카드 확인
(12) 여행 경비 수령
(13) 수하물꼬리표의 인수

(1) 항공권

항공권은 종이항공권과 전자항공권으로 구분된다. IATA 내부방침에 의해서 2008년 상반기 중에 종이항공권을 모두 없애고 전자항공권(e-ticket)으로 발권을 하고 있다. 이는 과거처럼 TC나 관광객이 외국에서 항공권 분실 걱정을 덜어준다.

항공발권부서에 수령한 항공권은 주의 깊게 살펴보아야 한다. 여권상의 영문과 항공권 영문의 일치, 좌석상태, 항공권 매수, 항공구간, 출·도착일짜 등을 다시한번 확인해야 하며, 항공권 규정, 즉 운임규정, 날짜변경 유무, 개별 리턴가능 유무, 도중체류(stopover)가능 유무, 환불 등에 대해서도 숙지하고 있어야 한다.

<표 V-11> 전자항공권

KOREAN AIR
e-Ticket Itinerary/Receipt

1419/09APR07

승객성명 Passenger Name	HONG/KILDONGMR(KE BK1234***)
e-티켓번호 e-ticket number	1802303070463

여정 Itinerary — 예약번호 Booking Reference 5627311

KE5901 Onerated by AR267 (AIR FRANCE)			경유 Via:	-
출발 Departure	서울(ICN)	28DEC08	10:05Local Time	Terminal NO.: -
도착 Arrival	파리(CDG)	28DEC08	14:30Local Time	Terminal NO.: 2E

예약클래스 ClasseE　　예약상태 Status Ok (확약)　　운임 Fare Basis YOW

무료 수하물허용량 Free Baggage Allowance 20 KG

항공권 유효기간 Not Valld Before 07APR07　　After 14APR07

항공사 직원을 위한 e-티켓 정보입니다. For Airline Staff

Restriction	KE5901 OPERATED BY AF FLT
Conj.Ticket NO.	-
Fare Calculation	G*SEL KE PAR Q185.00 1545.66AF ROM1207.19 NUC2937.85END ROE10 25.900000
Fare Amount	KRW 3014000
Equiv, Fare Paid	-
TAX	KRW 1000YQ 41800YQ 28000BP 1400QX 1700IZ 6300FR 15500FR
Total Amount	KRW 3122700
Form of Payment	CASH
e-tICKET Issue Date/Place	26AUG08 / 12345675 / KAL QXWSM XTO SEOUL

상기 운임정보는 공시운임으로 실제 지불 금액과 다를 수 있습니다.
지불금액은 영수증을 확인하시기 바랍니다.

※ 본 e-티켓 확인증과 함께 제공된 법적 고지문을 반드시 참고하여 주시기 바랍니다.

* e-티켓 확인증을 탑승수속시, 입출국/세관 통과시 제시하도록 요구될 수 있으므로 반드시 전여행 기간 동안 소지하시기 바랍니다. e-티켓 확인증의 이름과 여권사으이 이름은 반드시 일치해야 합니다.

* 대부분의 공항에서 탑승 수속마감 시간은 해당 항공편 출발 40분 전(미주, 유럽 출발편은 1시간 전)으로 되어 있으니, 해당 항공편 출발 예정시각 최소 2시간 전에는 공항에 도착하시기 바랍니다.

단, 일부 공동 운항편의 경우 탑승수속은 운항항공사의 카운터에서 이루어지며, 운항항공사의 규정에 다라 탑승 마감시간이 다를 수 있습니다.

대한항공 서울 강서구 공항동 1370 대표이사 : 이종희 외 1명 사업자등록번호 : 110-81-14794
http://www.koreanair.com

(2) 바우처

바우처는 일종의 증권과 같은 것으로 그 지참자가 서비스를 수령할 본인이라는 것을 증명하는 것이다. 바우처 및 티켓 등은 현지에 도착해서 수배대행자에게서 수령하는 경우가 많지만, 국내에서 수령하기도 한다. 바우처는 현지에서 호텔 체크인할 때 한국에서 미리 호텔 숙박료를 지불했다는 증명서이며, 그 내용은 투숙자·객실형태·체류기간 등이 포함되어 있다.

<표 V-12> 호텔 예약확인증(Voucher)

SERVICE VOUCHER

Date Printed: 10-Feb-12 Booking Portfolio: Hong Gil Dong Tanjung AruTPE

Name Hong Gil Dong

Segment Status: Confirmed(HK) Booking Refernce: 1051312

Category :ACCOMMODATION

Country/City : MALAYSIA, PROVINCE OF MALAYIA/ KOTA KINABALU Product : Hotel

Address : Genting Island Resort.

LOCKED BAG 150,
88744 KOTA KINABALU
SABAH, MALAYSIA

Telephone : 60 - 88 - 33220

Arrival : 20-Dec-2012 Departure : 24-Feb20

Category : Room

Room Type · Twin Superior

Rate Note : incl. Daily Breakfast
Price includs Government Tax and Service Charge

Cancellation Policy	1 night is chargeable if cancelled within 72 hours to check in unless otherwise stated.
Check In Time	13:00 Check in after 1300 hours.
Check Out Time	12:00 Check out before 1200 hours.
Booked & Payable by Appointed Local Contact	60 - 88 - 217155

(3) 관광객명단

관광객명단과 관광객정보는 TC에게도 중요하지만, 여행사에서도 마케팅

자료로 많이 활용되고 있다. 출국전 또는 기내에서 출입국신고서와 세관신고서를 작성할 때 사용되어지며, 현지 관광목적지에서도 많이 사용되고 있는 자료이므로 반드시 확인해야 할 문서이다.

<표 V-13> 관광객명단(Name List)

TU TRAVEL CO., LTD

부산 ○○구 ○○동 157번지 ☏(051)000-0000, FAX: (051)000-0000

NAME LIST

NO	NAME IN FULL	주민번호	여권번호	만기일	주소
1	김 현 우 KIM/HYUN WOO	000000 - 0000000	SC1111111	2002. 11. 12~ 2012. 11. 12	☏ HP.
2	윤 미 라 YOON/MI RA	000000 - 0000000	SC1234567	2005. 11. 08~ 2010. 11. 08	☏ HP.
3	한 철 호 HAN/CHEOL HO	000000 - 0000000	YP0000000	2005. 06. 22~ 2015. 06. 22	☏ HP.
4	김 동 주 KIM/DONG JU	000000 - 0000000	SQ2222222	2005. 10. 18~ 2015. 11. 02	☏ HP.
5	박 완 휘 PARK/WAN HEUI	000000 - 0000000	NW111111	2005. 11. 02~ 2015. 11 .02	☏ HP.
6	유 호 정 YOO/HO JUNG	000000 - 0000000	SC0000000	2005. 04. 18~ 2015. 04. 18	☏ HP.
7	윤 동 균 YOON/DONG GYUN	000000 - 0000000	SC8888888	2005. 11. 08~ 2015. 11. 08	☏ HP.
8	문 대 성 MOON/DAE SUNG	000000 - 0000000	YP9999999	2001. 06. 01~ 2011. 06. 01	☏ HP.
9	박 남 영 PARK/NAM YOUNG	000000 - 0000000	GK1111111	2005. 11. 01~ 2015. 11. 01	☏ HP.
10	김 남 훈 KIM/NAM HUN	000000 - 0000000	SC3333333	2005. 11. 08~ 2015. 11. 08	☏ HP.
11	신 현 석 SHIN/HYUN SUK	000000 - 0000000	GG0000000	2004. 05. 31~ 2014. 05. 31	☏ HP.
T/C	홍 길 동 HONG/GIL DONG	000000 - 0000000	GG0000000	2004. 05. 31~ 2014. 05. 31	☏ HP.

(4) 호텔 객실배정명단

현지에서 호텔 체크인시 객실배정을 할 때 반드시 필요하다. 현지에서 호텔 프런트에서 복사를 요청해도 되지만, 이용하게 될 호텔수에 따라서 충분히 준비하는 것이 좋다. 객실 배정표는 객실당 1장씩을 고객들에게 배부하며, 객실과 객실사이 전화연결방법, 한국으로 전화하는 요령, 현지 긴급연락처, TC 연락처, 기상시간, 식사시간, 출발시간 등을 표시한다.

<표 V-14> 객실배정명단(Roomming List)

TU TRAVEL CO., LTD

ROOMING LIST

NO	NAME	ROOM	NO	NAME	ROOM
1	김진희 KIN/JIN HEE		11	하영웅 HA/YOUNG WOONG	
2	김태윤 KIM/TAE YOON		12	박철 PARK/CHEOL	
3	한지연 HAN/JI TEON		13	신용옥 SHIN/TONG OK	
4	손대영 SON/DAE YOUNG		14	장윤정 JANG/YOUN JEONG	
5	최선숙 CHOI/SUN SUK		15	장지희 JANG/JEE HEE	
6	이동윤 LEE/DONG YOON		16		
7	배은아 BAE/EUN A		17		
8	박현규 PARK/HYUN KYU		18		
9	김혁 KIM/HYUK		19		
10	이승욱 LEE/SEUNG WOOK		20	김 우 진 KIM/WOO JIN	T/C

♧ 모닝콜(기상시간):

♧ 출발시간:

♧ 아침식사:

♧ 객실간 전화:

♧ 한국으로의 전화:
(호텔외선번호) 1-800-1-821-0406-0을 제외한 지역번호-전화번호

◉ 가이드:

☞ 개인적으로 외출하실 경우 인솔자에게 말씀 해 주시거나, 호텔 연락처(호텔 볼펜 또는 메모지)를 반드시 지참해 주십시오.

3) 출입국 수속 업무

단체여행객이 국제공항에 집결하는 시간은 통상적으로 비행기 출발 2시간 전으로 정한다. 이는 출국수속에 따른 제반 소요시간을 감안하여 결정한 것이다. 따라서 국외여행인솔자는 약속시간의 30분 전에 미리 도착하여 대기하여야 한다.

이는 고객에 대한 예의이며, 단체여행객보다 늦게 나타나게 되면 인솔자에 대한 첫인상을 좋게 보지 않을 뿐만 아니라, 행사 진행 중에도 신뢰를 잃을 수 있기 때문이다.

<표 V-15> 항공사 체크인 카운터 위치 안내

항공사명(code)	카운터위치	항공사명(code)	카운터위치
국내선	A	오리엔트타이항공(OX)	J
가루다인도네시아항공(GA)	H	우즈베키스탄항공(HY)	J
네덜란드KLM항공(KL)	C	유나이티드항공(UA)	K
노스웨스트항공(NW)	H	일본에어시스템(JD)	H
대한항공(KE)	D, E, F	일본항공(JL)	J
루프트한자항공(LH)	K	전일본공수(NH)	K
말레이시아항공(MH)	G	중국국제항공(CA)	H
몽골항공(OM)	G	중국남방항공(CZ)	K
블라디보스토크항공(XF)	G	중국동방항공(MU)	H
베트남항공(VN)	G	중국북방항공(CJ)	H
사할린항공(HZ)	J	중국서남항공(SZ)	H
세부퍼시픽항공(5J)	J	중국서북항공(WH)	H
시베리아항공(S7)	G	중국운남항공(3Q)	H
싱가포르항공(SQ)	K	중국해남항공(HU)	H
아에로폴로트러시아항공(SU)	G	캐세이패시픽항공(CX)	J
아시아나항공(OZ)	C, D	콴타스항공(QF)	C
알이탈리아항공(AZ)	D	크라셀항공(7B)	G
에어저팬(NQ)	K	타이항공(TG)	K
에어카자흐스탄(9Y)	G, H	터키항공(TK)	C
에어캐나다(AC)	K	필리핀항공(PR)	G
에어프랑스(AF)	E	하바로브스크항공(H8)	J

1. 여행사 안내표시판의 설치 및 집결안내

↓

2. 인원파악 및 집결확인

↓

3. 최종인원 확인 및 수하물 꼬리표 배부

↓

4. 여권회수 및 위탁수하물 수거

↓

5. 탑승수속(boarding procedures) 및 환전

↓

6. 탑승권(boarding pass) 및 여권 · 출국신고서(E/D Card) 등 배부

↓

7. 출국수속 절차 및 행동요령 설명

↓

8. 보안검색 및 휴대품 검사(security & carry on check)

↓

9. 세관신고 및 귀중품 신고(report of valuables)

↓

10. 검역(quarantine)

↓

11. 출국심사(emigration check)

↓

12. 면세점(duty free shop) 물품 수령 및 쇼핑

↓

13. 출국 대기구역(departure waiting area)

↓

14. 탑승게이트(boarding gate)

↓

15. 탑승(boarding)

자료: 이현동(2007)

<그림 Ⅴ-1> 출국 수속 절차

(1) 소속 여행사 안내표지판의 설치 및 집결 안내

인솔자는 단체여행객들보다 30분전에 도착하여 고객들에게 나누어 줄 물품이나 필요한 사항들을 최종적으로 점검하고, 소속여행사의 안내표지판 및 팻말을 설치하여 원활하게 집결하도록 유도하여야 한다.

(2) 집결 확인 및 인원 파악

인솔자는 안내 표지판을 이용하여 이미 도착한 여행객을 신속하게 집결시키고, 도착하는 대로 인원을 확인해야 한다. 먼저 도착한 고객들이 시간이 많이 남을 경우에 집결시간을 확인시켜주고, 개별적으로 환전 및 기타 업무를 볼 수 있도록 하는 것도 한 가지 방법이다.

(3) 최종 인원 확인 및 수하물 꼬리표의 배부

인솔자는 단체여행객들이 모두 집결되었는지를 최종적으로 인원파악을 한 후, 이상이 없으면 미리 준비한 소속여행사의 수하물 꼬리표(baggage tag)를 나누어주고 각자의 짐에 부착하도록 요청한다.

이때 주의사항은 반드시 깨지는 물건이나 기내에서 수시로 필요한 물건들은 휴대용 소형가방으로 옮기도록 요청한다. 단체여행객들에게 그 이유를 설명하고 요청해야 한다. 만약에 그렇지 않을 경우 장기간 비행에 필요한 사소한 물품들이 없으면 짜증을 내거나 인솔자를 원망하는 경우도 있기 때문이다.

(4) 여권회수 및 위탁수하물 수거

인솔자는 단체여행객들이 소지하고 있는 여권을 회수한다. 이는 국제선 탑승수속을 위한 것이다. 다음은 위탁수하물(checked baggage)에 수하물 꼬리표가 잘 붙어 있는지를 확인하고, 이상이 없으면 각자의 짐을 들고 해당 항공사의 단체 수속카운터(group check in counter)로 이동하여 최종적으로 위탁수하물의 수거하여 수하물의 개수를 정확하게 확인한다.

(5) 탑승수속

인솔자가 탑승수속(boarding procedures)을 하는 동안 집결시간을 정확하게 알려주고, 단체여행객들에게 병무신고 및 환전 등의 개인적인 일을 하도록 지시한다. 인솔자는 출발하기 전에 항공권을 구간별로 구분하여

뜯어서 보관해야 한다. 이는 탑승수속을 할 때 매우 편리하고, 신속하게 처리할 수 있기 때문이다. 또한 인솔자는 탑승수속 하기전에 경유하거나 갈아타야 할 경우에 연결수속(through check in)이 가능한지도 반드시 확인해야 한다. 그리고 준비된 항공권과 여권 등의 해당서류를 카운터에 제출하고, 탑승권(boarding pass)을 수령한다.

좌석배정이 끝나면 위탁수하물을 붙여야 한다. 이는 동시에 이루어지는 것이 대부분인데 나라별 수하물 허용량의 기준이 무게와 개수로 구분한다. 물론 항공사 담당자에게 맡기면 된다. 이때 항공사의 수하물 꼬리표(airline baggage tag)를 부착하고, 나머지 반쪽인 수하물 요구 꼬리표(baggage claim tag)를 인솔자에게 준다. 이것은 수하물의 분실 등의 사고가 발생할 경우 필요한 증명자료이므로 잘 보관해야 한다.

그 다음 인솔자는 수하물 요구 꼬리표(baggage claim tag)의 최종목적지가 맞는지를 반드시 점검해야 한다. 흔히 항공편이 경유하거나 갈아타야 할 경우에 연결수속(through check in)의 여부를 명확하게 숙지하여 수하물 관리를 철저하게 할 필요가 있다.

(6) 탑승권 및 여권·출국신고서 등의 배부

항공 탑승수속의 완료 후 인솔자는 재집결한 장소로 이동하여 인원 파악을 한 후 출국 할 때 필요한 서류, 즉 여권(passport), 탑승권(boarding pass), 출국신고서(embarkation card) 등과 목적지 국가에 입국할 때 필요한 서류, 즉 입국신고서(disembarkation card), 세관신고서(customs declaration form), 예방접종 카드(yellow card) 또는 개별 항공권 등을 나누어 주어야 한다.

(7) 출국수속 절차 및 행동요령의 설명

출국서류와 입국서류를 배부한 후에 인솔자는 인솔할 단체여행객을 모두가 잘 보이는 장소를 선택하여 이때부터 이루어지는 일정과 배부한 서류의 사용내역 및 행동 요령에 대해 명확한 발음과 알아듣기 쉽게 상세하게 설명하여야 한다.

출국 수속 절차와 행동요령에 대해 설명하는 사례를 순서대로 간단하게 살펴보면 다음과 같다.

▪ 자신의 소개

인솔자의 소속여행사와 이름을 설명하고, 단체여행객들에게 자신을 믿고 잘 따라주면 보람되고 재미있는 여행이 될 것이라는 내용을 함께 전한다. 간혹 초보 인솔자는 처음, 또는 잘 모른다는 말을 하면 신뢰를 줄 수 없고, 단체여행객들이 불안해한다는 것을 명심해야 한다. 사전준비만 철저하면 초보라도 충분히 잘할 수 있다는 생각을 가져야 한다.

▪ 여권에 대한 설명

여권의 중요성과 분석했을 때의 사례와 분실에 대한 책임소재에 대해 설명한다.

▪ 탑승권에 대한 설명

탑승할 출구번호(gate no), 탑승시간(boarding time), 좌석번호(seat no)에 대한 설명을 하고, 특히 탑승할 출구번호를 반복해서 설명해야 한다.

▪ 출국신고서와 입국신고서의 설명

출국할 때는 출국신고서, 입국할 때는 입국신고서라는 설명과 함께 실제로 신고서를 보여주면서 설명해야 한다.

▪ 향후의 수속절차와 행동요령에 대한 설명

복잡하게 설명해서는 이해를 하지 못하므로 간단하게 쉽게 설명한다.

<예> "즉 여권 안에 탑승권·출국신고서를 끼워 주시고, 지금부터 안으

로 들어가시면 보안검색과 휴대품 검사를 하니 귀중품 신고를 하실 분은 신고서를 작성하시면 되고, 다음은 출국심사를 하므로 줄을 서서 기다리면 됩니다."

출국심사가 완료되면 곧 바로 면세점이 나타납니다. 면세점에서 개별행동을 사지 마시고, 지시하는 장소에서 일행이 모두 출국심사가 끝날 때까지 기다려주시면 됩니다.

이와 같이 향후 행동요령을 수시로 단체가 흩어질 때마다 재집결 장소와 시간을 알려주어야 한다는 것을 명심해야 한다.

(8) 보안검색 및 휴대품 검사

인솔자는 단체여행객들이 모두 출국장 안으로 들어간 것을 확인한 후에 마지막으로 들어가도록 한다. 출국장 메인 게이트(main gate)에서는 출국수속을 받을 여행객들의 여권, 항공권(탑승권), 출국신고서 등을 간단하게 확인한다.

그 다음은 출국심사구역 내에서 탑승객의 안전을 위한 보안검색으로 범죄·마약·무기류·폭발물·위해물질 등의 소지 여부를 검색하고, 아울러 개인의 휴대품을 검사하는데 외화의 밀반출 등을 검사한다.

구체적인 내용은 다음과 같다.

▪ 탑승수속 및 세관신고를 마치면 가까운 출국장으로 이동하여 보안검색을 받아야한다.

▪ 기내 휴대물품을 가로 55cm, 세로40cm, 높이 20cm(총합115cm 이내), 무게 10kg 이내의 물품에 대해서만 기내반입이 허용되며, 휴대물품 중 기내 반입시 여객의 생명과 안전에 위협이 될 수 있는 물품은 여객의 안전을 위해 절대반입해서는 안된다.

▪ 보안검색 여객 및 여객의 휴대수하물 보안검색은 항공사가 실시하며, 이에 대한 감독은 공항 보안팀에서 수행한다.

▪ 세관에 신고할 내역이 없는 여객, 또는 세관신고가 끝난 여객은 보안

검색대에서 순서대로 보안검색을 받아야 한다.

▪ 보안검색대에서는 검색요원의 안내에 의해 대기선에서 순서에 따라 휴대물 품은 X-레이 검색장비 컨베이어 위에 올려놓고 소지품(휴대폰·동전 등)은 바구니에 넣고 문형 금속 탐지기를 통과한다.

이와 같이 보안검색 또는 출국심사를 마친 후에는 휴대폰 로밍, 현금 인출, 환송객 접촉 등 개인적인 사유로 보안구역 밖으로 나갈 수 없으니 모든 개인적인 용무를 마친 후에 보안구역으로 입장하도록 하여야 한다.

(9) 세관신고 및 귀중품 신고

출국심사구역 내의 중간쯤에 위치한 신고안내 데스크에서 고가의 귀중품을 신고하는 곳이다. 신고할 물품이 있는 경우 지나치지 않도록 사전에 신고물품이 있는 여행객에게는 정확한 위치를 알려줄 필요가 있다.

해외 여행시 휴대하는 고가품 및 귀중품은 출국 전에 반드시 세관에 신고해서 '휴대물품 반출확인서를' 받아야만 재입국시 해당물품에 대해 세금이 부과하지 않고 재반입 받을 수 있다. 신고할 물건이 없는 사람은 다음의 출국심사 창구로 이동한다.

▪ 출국시 외화 신고

내국인 거주자가 일반 해외경비로 미화 1만 달러를 초과하는 외화를 휴대반출 할 경우 세관 외화신고대에 신고하면 직접 가지고 출국할 수 있다.

해외이주자·해외체류자·해외유학생 및 여행업자가 미화 1만 달러를 초과하는 해외여행 경비를 휴대하여 출국하는 경우와 외국인 거주자가 국내 근로소득을 휴대하여 출국하고자 하는 경우에는 반드시 지정거래 외국환은행장의 확인을 받아야 하며, 일반 해외경비 이외의 물품거래 대금의 지급, 자본거래 대가의 지급 등은 각 거래에서 정하는 신고나 허가를 받아야 휴대 출국할 수 있다.

비거주자 등이 미화 1만 달러를 초과하는 외화를 휴대 반출할 경우, 한국은행 총재 또는 세관장의 허가를 받아야만 반출할 수 있다.

▪ 휴대물품 반출신고

일시출국하거나 여객이나 승무원은 여행시 사용하고 입국할 때 다시 가져올 귀중품 또는 고가품은 출국하기 전 세관에 신고한 후 '휴대물품 반출신고(확인서)'를 받아야 입국시에 면세를 받을 수 있다.

▪ 부가세·특소세 환급 확인

외국인 관광객 면세판매장에서 물품을 구입한 외국인 여객은 판매장에서 '외국인관광객 물품판매 확인서'를 교부받아 출국시(3개월 이내) 물품과 함께 세관에 신고하여야 한다.

▪ 출국시 세관신고 대상물품

해외거주자가 출국시 반출할 것을 조건으로 입국시 면세통관(휴대반입) 받은 물품으로 미반출시에는 당해물품에 대한 세금을 내야 한다.

국내 거주자가 비디오카메라·골프채·고급시계·모피의류·악기·보석류 등 고가물품을 해외여행중 사용하고 입국시 재반입하고자 하는 물품으로 출국시 세관장의 반출확인이 없이 국내에 반입되는 경우에는 세금을 내야 한다. 휴대하여 수출하는 물품으로서 기적 확인을 세관에서 받아야 하는 물품으로 기적 확인을 받지 않으면 수출로 인정되지 않으므로 관세 환급을 받을 수 없는 경우가 발생한다.

US$ 10,000 상당액을 초과하는 외화 및 원화로 수표 · 여행자수표 등 모든 지급수단을 포함하여 한국은행 총재의 사전허가를 받아야 한다.

▪ 해외로 반출이 금지되는 물품

- 마약, 향정신성의약품 및 이들의 제품 등
- 문화재보호법에 의거 해외반출이 금지된 골동품 등 문화재들
- 화폐·지폐·채권 등의 위조품·변조품·모조품 들

(10) 검역

출국심사구역 내에서 있으며 검역검사는 예방접종 카드(yellow card)의 소지 유무에 대한 확인이다. 최근에는 특별한 경우를 제외하고는 거의 생략하고 있다.

(11) 출국심사대

출국심사 구역 내의 마지막에 위치한 출국심사대(출국사열대)에서 출입국 심사관이 출국자들을 대상으로 제출한 서류를 확인하고, 출국에 대한 신분 확인 및 자격심사를 행하는 곳이다. 출국심사대를 통과할 때 여권·탑승권·출국신고서를 제시하여야 한다.

출국심사에 통과되면 출입국 심사관이 여행객의 여권 안지에 출국 심사필의 스템프(stamp)를 찍어주고, 아울러 여행객의 탑승권 뒷면에도 출국심사필에 대한 확인을 해주면 CIQ(Customs, Immigration, Quarantine)에 대한 수속은 끝나게 된다.

▪ 출국심사대 앞의 대기선에서 기다리다가 자신의 차례가 오면 여권·탑승권·출입국신고서를 직원에게 제시한다.

▪ 출국심사대를 통과한 다음 출발·통과여객 라운지에서 대기해야 한다. 급한 용무로 대기실을 나와야 할 경우는 항공기 탑승 게이트 앞 대기구역에서 항공사 직원이 동행한 가운데 도착 출국 심사홀을 통과하여 밖으로 나가야 한다.

예치·유치품 반환 안내: 출국시 세관에 예치된 물품을 찾거나 유치된 물품을 반환받고자 하는 여객은 최소한 항공기 출발 1시간 전에 출국장 내 세관 반송품 인도장에서 직원에게 신청하면 된다.

출국심사가 끝난 후에는 면세점에서 쇼핑을 하면 된다. 이때 사전면세점 이용자는 면세물품을 반드시 수령해야 한다. 우리나라의 경우 귀국시 공항면세점이 없기 때문에 면세물품을 찾을 수가 없다. 쇼핑이 끝난 후에는 탑승권만 소지하고, 나머지 서류는 안전한 곳에 넣어두고 탑승시간을 기다린다.

(12) 출국라운지 집결

CIQ(Customs, Immigration, Quarantine)에 대한 수속을 마치고 출국심사대를 통과하면 곧 바로 면세점이 보이고, 출국 라운지(departure lounge), 보세구역(bond area), 출국대기구역(departure waiting area)이 나온다.

출국심사를 통과한 단체여행객들의 인원을 확인하고, 모두 한 장소에 모아놓고 몇 가지 유의사항을 전달해야 한다.

- 탑승권을 제외한 여권 등의 서류를 잘 보관하도록 주의시킨다.
- 탑승할 해당 항공사의 탑승구(boarding gate) 위치와 방향을 정확하게 확인시켜 준다. 그리고 탑승시간(boarding time)과 탑승자 대기실에 최소한 30분 전에 집결하도록 시간을 알려주고, 늦지 않도록 반드시 주의를 주어야 한다.
- 국내면세점이나 인터넷면세점을 이용해 사전에 구입한 면세물품(duty free goods)이 있을 경우 반드시 찾아야 한다는 것을 주지시켜야 한다.
- 쇼핑시에는 공항이 넓기 때문에 탑승구가 한쪽에 치우쳐 있을 경우에는 먼 거리에서부터 면세점을 이용하도록 권유한다.

(13) 면세점 물품 수령 및 쇼핑

국내면세점이나 인터넷 면세점을 이용해 사전에 구입한 면세물품(duty free goods)은 구매와 동시에 수령할 수 없다. 그러므로 면세물품을 구입한 단체여행객은 우리나라의 경우 출국할 때 물품을 해당 면세점 창구에 가서 인환증(exchange order)을 제시하고 물품을 찾아야한다.

인솔자는 단체여행객들이 간혹 물품수령에 대한 내용을 잊어버리고 있거나 입국 할 때 찾는다는 생각을 할 수 있으므로 반드시 출국할 때 면세물품을 수령하도록 주지시켜야 한다. 또한 단체여행객들이 면세점에서 쇼핑할 경우 국제공항 구조가 대부분이 넓기 때문에 탑승할 비행기의 탑승구가 어느 한쪽에 치우쳐 있을 경우에는 여행객들이 찾아오는 시간이 많이 소요되므로 탑승구에서 먼 거리에서부터 쇼핑하도록 권유할 필요가 있다.

(14) 출국 대기구역

국제공항의 경우 탑승할 승객이 많아 탑승구(boarding gate) 입구에 탑승자 대기구역(waiting area)이 있는 경우가 많다. 단체여행객들이 비행기의 출발시간(departure time) 30분전부터 탑승개시에 따른 안내방송(announcement)을 하므로 고객들의 도착여부를 확인하고, 만약에 임박하여 도착하지 않을 경우에는 항공사 측에 협조를 요청하여 방송을 하여야 한다.

(15) 탑승

단체여행객의 인원 파악이 완료되면 해당 항공사 직원의 지시에 따라 기내로 들어가면 된다. 인천국제공항의 경우 국제선 비행기 탑승(boarding)은 탑승구에 들어가면 바로 탑승다리(boarding bridge)를 통해 탑승하게 된다.

일반적으로 항공기의 출발시간 30분전에 탑승이 이루어지면, 탑승개시 안내방송이 나온다. 그러면 항공편의 탑승구로 이동해 탑승권을 항공사 직원에게 제시하고, 편명과 좌석번호가 기재되어 있는 탑승권을 되돌려 받아 지정된 좌석으로 찾아가면 탑승은 완료된다.

만약 리모트 주기장에 출발 항공기가 주기한 경우에는 해당 여객들은 에스컬레이터 또는 자동보도를 이용하여 1층에 있는 램프버스 정거장으로 내려간 뒤 그곳에서 램프버스를 타고 해당 출발 항공기에 탑승하여야 한다. 탑승할 때 인솔자는 단체여행객들의 탑승을 확인한 후에 가장 마지막에 탑승해야 한다.

4) 현지행사 진행업무

가. 이동 업무

관광객이 버스에 탑승하면 TC와 현지 가이드는 버스로 이동하면서 행사진행에 관한 여러 가지 안내를 하게 된다. 현지 가이드는 현지안내가 주목적이지만, 그 밖의 편의사항 제공 등에도 많은 역할을 하므로 TC는 유기적인 협력자의 관계를 유지해야 한다.

TC와 현지 가이드는 관광객에게 다음의 사항을 숙지하여 안내하여야 한다.

(1) 인근의 의료시설의 위치 및 현지 응급처리 절차

(2) 은해이용 가능성

(3) 현지화폐 및 환율 혹은 환전 등에 대한 정보

(4) 전화 및 우편 서비스 정보

(5) 항공, 철도, 지하철, 현지 관광버스를 포함하여 교통편 탑승권 구입에 관한 정보

(6) 쇼핑장소와 쇼핑품목 그리고 영업시간을 포함한 쇼핑정보

(7) 요리·위치·가격범위를 포함한 식당 추천

(8) 현지 팁습관

(9) 어두워진 후 사람들이 가지 말아야 하는 위험지역·안전지역 등의 안전에 대한 정보

(10) 한 지역에서의 어떤 이상한 습관이거나 도움이 되는 제안

관광객에게 위의 사항을 숙지하도록 안내하며, 체크리스트(check-list)를 만들어 배포하는 것도 한 방법이다.

나. 호텔업무

(1) 체크인(Check-in)

호텔에 도착하면 벨 캡틴(bell captain)을 불러 수하물을 하차시키도록

하고, 단체를 호텔 로비로 인도하여 휴식할 수 있도록 조치한다. 관광객이 버스에 두고 온 물건은 없는지 다시 확인하여 관광객의 물건이 분실되지 않도록 세심한 주의를 기울여야 한다.

TC는 현지 가이드와 함께 리셉션(reception) 혹은 프런트 데스크(front desk)나 체크인(group check-in) 데스크에서 체크인 수속을 한다. 이 때 관광객명단(name list)과 객실배정명단(rooming list)을 제출하여 객실을 배정한다.

a. 객실배정(Room Assignment)

TC는 우선적으로 객실상태를 파악하여 단체구성에 적당한 객실을 각각 배정한다. 이 때 트윈룸(twin bed room)이 몇 실인지, 더블 룸(double bed room)이 몇 실인지, 싱글 룸(single bed room)이 몇 실인지 확인하고 가족·친구·동료 등 객실배정명단(rooming list)의 특성에 따라 객실을 배정한다. 확정된 객실은 객실배정명단에 순서대로 깅비하여 객실수에 맞게 복사하여 관광객에게 객실 카드(열쇠) 및 식사 쿠폰(meal coupon)과 함께 전달한다.

b. 모닝콜(Mornig Call/Wake-up Call)

관광객 전체의 객실에 모닝콜을 미리 예약하고, 가끔 호텔측의 실수로 모닝콜이 울리지 않는 경우가 있기 때문에 반드시 TC는 본인의 알람시계나 객실내 자동 모닝콜을 다시 한번 예약하여 혹시 모닝콜이 울리지 않았을 경우를 대비해 이중의 모닝콜장치를 해 두도록 한다.

c. 아침식사(Breakfast)

체크인시 호텔측에 단체의 아침식사시간을 알려 주도록 하거나 아침식사가 몇 시부터 가능한지 관광객에게 안내하여 자연스럽게 이용할 수 있도록 한다.

d. 재집합 및 주요사항 전달

객실카드, 객실배정표, 아침식사 쿠폰 등을 수령하여 다시 관광객을 모이게 한 다음, 호텔이용시 주의 사항 전달과 모닝콜시간·식사시간·출발시간을 전달하고, 시간을 엄수해 줄 것을 당부하며, 아침식사의 시간·장소·이용방법 등을 확인하여 안내한다.

최대한 호텔내 시설 수영장, 휘트니스 센터(fitness center)등을 이용할 수 있도록 관광객에게 정보를 제공하고, 마지막으로 다음날 관광시 필요한 정보를 전달 (복장이나 준비물 등)한 후 객실배정 명단(rooming list)에 따라 객실 카드열쇠와 식사 쿠폰 등을 나누어 준다. 객실배정명단에는 현지 가이드와의 긴급연락처, TC의 객실번호, 국제전화 이용방법, 객실간 전화하는 방법, 모닝콜·아침식사·만남·출발시간과 간단한 안내문을 첨부하여 관광객의 편의를 돕는다.

e. 수하물 배달확인 및 객실점검

객실배정이 끝나면 관광객이 편히 쉴 수 있도록 객실로 안내한다. 이 때 TC와 현지 가이드는 배정된 각 객실을 방문하여 객실내 전원장치의 사용방법, 냉장고 내의 미니바(mini-bar)의 이용에 관한 요금부과, TV 유료채널의 확인, 호텔에서 제공하는 무료(FOC: Free Of Charge)음료(물이 가장 보편적임)의 확인, 에어컨디셔너air-conditioner와 히터heater의 사용방법, 화장실에서 샤워시 물이 밖으로 튀지 않도록 주의, 아침식사시간과 장소의 재확인 등 안내를 마친다. TC의 객실번호를 관광객에게 다시 상기시켜 위급한 상황이나 필요한 상황에 대처할 수 있도록 안내한다.

f. 현지 가이드와 협의

단체점검이 끝난 후 현지 가이드와 구체적인 일정에 대해 협의(일정표에 의거하여 현지 관광코스, 식사 메뉴 및 레스토랑, 선택관광 및 쇼핑 등)를 하고 유기적인 협조체제를 구축한다.

(2) 호텔이용

객실 내에 비치도니 호텔 디렉토리(hotel directory)와 서비스 디렉토리(service directory)를 우선적으로 참고하여 객실열쇠, TV(pay-TV), 미니바(mini bar), 호텔내 부대시설 이용, 하우스키핑, 룸 서비스, 객실내 통화(room-to-room call), 국제전화(international call, overseas call), 욕실사용, 호텔, 세탁, 환전 등에 관한 이용방법을 숙지해 둔다.

(3) 체크아웃(Check-out)

체크 아웃시 수하물은 벨맨(bell man)이 수거(baggage down)할 수 있도록 객실문 밖으로 내어 두거나 관광객 본인이 가지고 오도록 안내한다. 모인 수하물의 숫자를 확인하고, 관광객 본인의 수하물이 수거되었는지 개별적으로 확인하도록 유도한다.

TC는 현지 가이드와 함께 객실별 요금을 정산한다. TC는 관광객보다 30분 일찍 내려와 수하물 상황을 점검하고 객실별 요금을 미리 정산하도록 한다. 일반적으로 국내의 여행사들은 현지여행사 지상수배업자(land operator)에 대부분의 수배를 의뢰하므로 현지여행사가 전체정산을 한다. 가끔 지역적으로 직접적으로 객실료를 지불해야 할 경우도 있으나 흔한 경우가 아니다.

TC는 만약의 상황에 대비하여 두 종류 이상의 카드를 가지고 다녀야 하며 현금으로 지불하는 경우 많은 현금을 가지고 다니는 것보다는 여행자수표(traveler's check)를 이용하는 것이 안전하다.

다. 행사진행업무

(1) 시내 관광

a. 인원점검

- 시내관광시 TC가 해야 할 기본적인 일은 인원을 확인하는 일이다.
- 모든 관광지 도착시 현지 가이드를 앞장서게 하고, TC는 맨 뒤에 내

리면서 두고 내린 물건이 없는지, 아픈 사람은 없는지 등을 체크해야 한다.

b. 현지 가이드 감독

▪ TC는 관광시 앞좌석에 앉아 전반적인 관광일정의 진행상황을 감독해야 한다.

▪ 여정에 관한 차이점이 있을 때, 초보 가이드가 진행이 매끄럽지 못할 경우, TC가 현지 가이드의 역할까지도 감당할 수 있어야 한다.

c. 일정관리 및 시간관리

관광지에서의 승차 및 하차, 다음 관광지로의 이동, 교통혼잡 등으로 상당한 시간이 소요되므로 항상 소요시간에 여유시간을 함께 고려해야 한다.

▪ 관광지에서의 에티켓

- 관광지에는 관광객을 위한 세심한 배려들이 엿보이지만, 구석구석 관광객이 하지 말아야 하는 제한사항도 규정하고 있다. 예를 들어 사진촬영 금지나 출입금지 등은 반드시 지키도록 한다. 동남아시아의 관광지에서는 사진촬영·영상촬영이 자유로운 곳이 많지만, 유럽이나 미주에서는 사전승인이나 관계자의 동의가 없으면 촬영이 금지된 관광지가 많다.

- 모든 관광지에서는 줄서기가 기본이며, 동행이 앞쪽에 있다고 무리하게 끼어들어 주위사람들의 얼굴을 찌푸리게 하지 말고, 이럴 경우 동행이 앞에 있음을 얘기하고 양해를 구하도록 한다.

- 단체관광시 복잡한 관광지에서는 관광을 안내하는 현지 가이드에게 주목하여 길을 잃거나 불이익을 당하지 않도록 한다.

- 외국에서는 레이디 퍼스트(lady first)를 많은 곳에서 실천하고 있는데, 엘리베이터를 타거나 내릴 때, 차를 탈 때, 출입시 여성을 먼저 배려하도록 한다.

- 공연장(뮤지컬, 연극, 기타)에서는 외투를 입구의 클락 룸(cloak

room)에 맡기고 번호표를 받도록 한다. 공연 중에는 사진촬영이 아예 금지되거나 또는 플래시 사진촬영이 금지되는 공연장 대부분이니 유의하도록 한다.

(2) 식사

a. 메뉴(ment)

식사에 관해서는 전날 현지 가이드와 상의하여 그 다음날 어떤 식당에서 어떤 메뉴의 식사를 하게 되는지 알아 두고, 가능한 일정표에 예정된 식사일정에 따르도록 하며, 선택의 여지가 있을 경우 인솔하는 팀의 성격에 따라 적절히 메뉴를 조절한다.

b. 아침식사(breakfast)

아침식사의 경우 대부분 호텔 내에서 해결한다. 단체로 식사하는 것보다는 관광객 각자가 식당에 와서 쿠폰을 주거나 서명을 하게 하는 것이 덜 혼잡하고, 제대로 식사를 할 수 있으며 이 경우 반드시 로비에 모이는 시간을 명확하게 주지시켜야 한다.

c. 좌석배치(seat assignment)

▪ 식당에 들어서면 TC와 현지 가이드는 관광객들의 좌석배치를 돕는다.

▪ 관광객들이 모두 앉고 난 후 마지막 남는 자리에 앉도록 한다.

▪ TC와 현지 가이드의 좌석은 상황에 따라 적절히 움직이거나 항상 같은 관광객들과 식사하지 않도록 주의한다.

d. 식사중

▪ 직접 음식을 나르는 것은 지양하고, 식당에서 TC와 현지 가이드의 역할은 종업원과의 대화를 도와주는 정도가 좋다.

▪ 국제적인 식사예절에 대해 안내하는 것도 좋은 방법이다.

e. 식사후

▪ 식사가 끝날 즈음 음료수 등 식사 이외의 주문에 대한 계산서(bill)를 미리 받아 관광객이 개인적으로 주문한 음료에 대한 지불을 하도록 한다.

▪ 먼저 식사를 마친 관광객들에게 버스의 위치나 잠시 휴식할 수 있도록 안내한다.

▪ 현지 가이드는 먼저 나가 관광객들을 안내하도록 하고, TC는 마지막 관광객들과 함께 나온다. 두고 온 물건이 없는지, 화장실에 남은 관광객은 없는지를 확인한다.

(3) 쇼핑업무

쇼핑 안내시 주의할 점은 다음과 같다.

▪ 상대적으로 저렴해야 한다.

▪ 품질을 믿을 수 있어야 한다.

▪ 신뢰할 만한 상점으로 안내한다.

▪ 유사상점은 지양한다.

▪ 지나친 전문상점은 피한다.

▪ 전적으로 현지 가이드에게 맡기지 않는다.

▪ 구매를 강요하지 않는다.

▪ TC 자신의 과다한 쇼핑을 자제한다.

▪ 쇼핑하지 않는 일행을 차별대우하지 않으며, 휴식할 수 있는 공간을 확보한다.

▪ 쇼핑종료 시간을 사전에 말한다.

(4) 선택관광(Optional Tour)

정해진 관광일정에는 포함되지 않지만 개별적으로 비용을 지불하고 참여하는 이벤트(event)를 말한다.

a. 정보습득

▪ 관광객들의 반응 외에도 선택관광의 소요시간, 가격, 최소인원, 구체적인 내용 등을 충분히 숙지한 후 안내해야 한다.

▪ 관광객들이 관심을 갖도록 미리 정보를 주는 것이 중요하며, 해당지역에 대한 정보를 제공하여 선택관광에 대해 짧은 설명을 덧붙이는 것이 가장 무난하다.

b. 선택관광 권유

▪ 선택관광 권유에 관한 사항은 전적으로 현지 가이드에게 일임하되, 단체의 문의가 있을 경우 조언을 해 주는 정도로 그치는 것이 좋다.

▪ 선택관광은 관광객들의 자발적인 의사에 의해서 결정되어야 하고, 강요에 의해서 결정되어서는 않되며, 그 지역의 특색을 잘 나타내는 관광이어야 한다.

c. 선택관광 인솔

▪ TC가 선택관광을 인솔해야 하는가의 문제는 전적으로 TC 자신의 판단에 달려 있다.

▪ 모든 참가자들이 빠짐없이 참여하는 선택관광일 경우에는 일정의 일부로 보아 TC도 참가하는 것이 바람직하나 모든 관광객이 참여하는 선택관광이 아닐 경우 TC가 인솔해야 할 필요는 없다.

d. 선택관광시간

하루 일정상 자유시간 내에 하게 되는 선택관광의 형태와 정규일정 이외의 시간에 이루어지는 선택관광으로 나눌 수 있으며, 전자는 각종 해양스포츠활동(스노클링·보트·제트스키·패러세일링 등)이 나 골프가 있고, 후자는 주로 야간관광(night tour: 각종 쇼, 유람선 탑승, 야경관람 등)을 말한다.

e. 선택관광시 주의할 점

▪ 사전에 정확한 정보를 제공한다.

▪ 사전에 현지 가이드와 상의하여 적당한 선택관광을 선택하고, 지나친 권유가 되지 않도록 주의시킨다.

▪ 선택관광의 권유는 현지 가이드에게 일임한다.

▪ 선택관광을 원하지 않는 일행에게 피해가 가지 않도록 각별히 신경쓴다.

▪ 가능한 그 날의 정식 관광 일정이 끝난 다음에 하도록 한다.

5) 귀국업무

가. 귀국전 업무

한국으로 귀국하기 전에 TC가 해야 할 업무는 항공예약 재확인, 공항행 버스에서 업무, 현지공항 출국수속업무 등 크게 3가지로 구분할 수 있다.

(1) 항공예약 재확인

항공예약 재확인은 현지 가이드 또는 현지여행사에서 하고 있는데, 잘못된 관행 중에 하나이다. 해당항공사에 직접 전화해서 한국에서 항공예약한 것이 문제가 없는지 다시 한번 확인하는 것으로, 이것은 당연히 TC가 해야 할 업무이다. 특별한 사항이 발생하지 않는 이상 한국에서 예약한 것과 동일하지만, 가끔씩 초과예약(overbooking)이 발생되는 경우에는 사전통보 없이 취소되는 경우도 있으므로 현지에 도착하자마자 TC가 재확인(reconfirm)해야 한다.

또한 많지는 않으나 성수기 기간 중에는 여행사들이 귀국항공편을 일부 구간에 몇 명의 항공좌석이 확약(ok)되지 않는 상황에서 발권하는 경우도 발생하므로, 관광목적지에 도착하자마자 대기상태의 항공좌석을 풀어야 되는 경우도 있다.

(2) 공항행 버스에서 업무

a. 귀중품 확인

귀중품 중에서 가장 중요한 것이 여권이며, 관광객 중에 여권을 분실하게 되면 귀국하는 데 커다란 문제가 발생하게 된다. 다시한번 여권이 있는지 관광객들에게 확인하도록 하며, 만일 여권 외에 호텔에 귀중품을 두고 온 경우는 현지 가이드를 통해서 호텔에 연락을 하여 공항으로 직접 가져 오도록 하거나 이러한 시간이 허락되지 않으면 추후 관광객에게 전달 될 수 있도록 신속한 조치를 취해야 한다.

b. 인사

공항에 도착해서 인사를 하는 경우도 있지만, 출국수속시간이 많이 소요되는 경우가 많기 때문에 현지 가이드와 현지인 가이드 및 버스기사 등과 공식적인 인사는 버스 안에서 하도록 한다. 현지 가이드가 주로 마이크를 잡고 인사를 하는 경우가 있는데, 여기서는 되도록 TC가 주도적으로 하는 것이 좋다. 현지 가이드가 인사를 마치고 나면 단체고객 중 회장이나 총무가 나서서 팁을 주도록 하며, 사전에 TC가 관광객에게 팁에 대한 안내를 해야 한다.

동남아시아·중국 등 단거리 여행상품은 팁이 포함되어 있는 경우가 많지만, TC가 단체관광객 중 대표자에게 팁에 관한 사항을 자연스럽게 이야기를 하도록 한다. 아직까지 팁 포함 여행상품이라도 우리나라 정서상 수고했다는 표시로 별도의 팁을 주고 있다. 팁을 주고 나면 TC와 현지 가이드는 전체관광일정에 대하여 단체관광객과 함께 전반적인 평가와 관광진행상의 보완·건의사항을 파악한 후 관광목적지에서의 일정을 마무리한다.

c. 주의사항 전달

공항에 도착하게 되면 시간적 여유가 없다. 보통 3시간 전에 도착하고 있지만, 현지사정으로 인해 늦게 도착하는 경우도 많다. 따라서 단체관광객에게 공항에서는 일사불란하게 행동할 수 있도록 안내하며, 출국심사·공항수속·세금환급 등에 대해서 정확하게 설명하도록 한다.

(3) 현지공항 출국수속업무

a. 버스하차

공항에 도착하면 현지 가이드가 먼저 내리고, 관광객이 차례대로 하차한다. TC는 다시 한번 선반이나 좌석을 확인하여, 두고 내리는 물건이 없는지 확인한 후 맨 마지막에 버스에서 내린다.

b. 수하물 정리

버스기사가 가져다주는 물건이 맞는지 확인하고, 모든 수하물의 확인이 끝나면 단체관광객을 대표하여 운전기사에게 감사의 인사를 한다. 수하물을 여기저기 갖다 놓지 말고 운반대를 이용하여 한 곳에 적재하도록 하며, 현지 가이드와 TC가 함께 탑승수속을 한다. 탑승수속을 하기 전에 먼저 수하물을 X-ray 검색대에 통과시킨 후 스티커를 부착해야 하는 경우도 있으니 주의해야 한다. 항공기내 반입수하물은 반드시 X-ray를 통과시킨 확인증이 있어야만 기내 반입이 가능한 공항도 있다.

c. 탑승수속

단체항공권을 가지고 해당항공사 카운터에서 탑승수속을 한다. 공항이 매우 복잡하고 시간이 많이 소요되므로 때로는 단체수속이 아닌 개별수속 카운터에서 단체탑승수속을 할 수 있다. 공항에서는 시간이 가장 중요하므로 융통성있게 행동해야 관광객들이 빠른 시간 내에 항공기를 탑승을 할 수 있다.

d. 현지공항세

일반적으로 현지공항세는 항공권에 포함되어 있으나 아직도 현지공항세를 별도로 공항에서 구입하여 제출해야 하는 경우도 있다. 지상비에 현지공항세가 포함되어 있다면 현지 가이드가 구입하여 관광객에 나누어 주고,

그렇지 않은 경우는 TC가 직접 구입하거나 관광객이 직접 구입하도록 한다.

e. 세관심사

현지에서 출국하는 경우 세관심사는 간단하지만 나라마다 약간의 차이가 있으니 주의해야 한다.

f. 출국심사

출국심사는 입국심사에 비하여 매우 간단하며, 별도의 질문이 없으므로 TC와 현지 가이드가 해당국가의 출국카드를 사전에 준비하여 관광객들에게 전달하도록 한다.

g. 면세환급

출국심사가 끝나면 면세구역이 나온다. 그러나 대부분 시간적 여유가 많지 않기 때문에 관광객이 마음만 바쁠 수도 있다. 시내 쇼핑센터에서 선물을 많이 구입하였기 때문에 공항면세점에서는 간단한 선물, 즉 담배·양주·초콜릿 등 용량이 많지 않은 것을 구입하도록 안내한다.

또한 나라마다 약간의 차이는 있지만 부가세를 면세 받을 수 있다. 여기에 해당되는 나라는 유럽연합 22개국을 비롯한 싱가포르·일본·캐나다·미국 등 전 세계 27개국은 외국인관광객들이 쇼핑하면서 부담한 부가가치세 및 특별소비세를 환급해 주는 '세금환급제도'(tax refund)를 운용하고 있다. 그러나 모든 물품이 면세가 되는 것이 아니기 때문에 정확한 면세품목 지식을 TC가 숙지하고 있어야 한다.

나. 귀국항공편 탑승과 기내 업무

(1) 탑승업무

탑승구에 들어오기 전에 다시한번 보안검색을 하는 경우도 있다. 관광객이 면세점을 이용하여 탑승출발시간에 임박하여 들어오는 경우도 있으므로 TC는 고객들이 모두 기내에 들어가는 것을 확인한 후에 맨 마지막에 기내에 들어간다. 탑승구에서 PNR을 제시하면 어떤 관광객이 기내에 탑승하였으며, 아직 탑승하지 않은 고객들을 알 수가 있다.

보통 탑승순서는 퍼스트 클래스, 비즈니스 클래스, 이코노미 클래스 순으로 입장하며, 일반석은 앞자리부터 탑승을 하게 되면 기내 통로가 복잡해지므로 뒷자리부터 탑승을 진행한다. 항공사에 따라 탑승권에 각기 다른 색으로 표시를 하여 색깔별 또는 좌석번호 순으로 탑승호출을 하는 경우도 있다.

(2) 기내 업무

공항에 도착하여 정신없이 수속절차를 밟고 기내에 탑승하기 때문에 다시 한번 주의를 할 필요가 있다. 관광객이 지정좌석에 착석했는지 확인해야 하며, 객실승무원에게 본인이 TC임을 밝혀 필요한 사항이 있으면 TC에게 요청하도록 한다. 기내에서 관광객에게 할 서비스를 객실승무원에게 모두 맡기기보다는 끝까지 고객을 챙기는 모습을 보여 주어야 한다.

물론 객실승무원이 해야 할 일도 있지만, 특히 외국항공사를 이용할 경우 기내식·음료수·와인·맥주·위스키 등을 선택할 때 간단한 통역도 해야 하며, 기내 면세품을 구입할 때도 관광객을 도와주어야 한다.

다. 입국절차

(1) 입국안내

입국수속은 출국수속의 반대순서로 생각하면 무리가 없다. 출국에서 가장 마지막 관문이었던 출국심사가 입국심사로 바뀌어 가장 먼저 기다리고 있다(검역은 보통 생략되나 불시에 점검하는 경우도 있다). 기내에서 착륙시간이 가까울 무렵에 승무원이 나눠 주는 신고서(검역질문서·세관신고서)를 항공기 안에서 미리 작성하면 입국수속을 편리하고 신속하게 할 수 있다.

항공사에 위탁한 수하물이 있으면 짐을 찾아서 세관검사대를 거쳐 공항

밖으로 나오게 된다. 보통 모니터에 항공기에 대한 수하물수취대가 표시되어 있어서 관광객은 해당항공기에 대한 번호로 수하물을 찾으면 된다. 그리고 입국절차의 흐름은 <그림 V-2>와 같다.

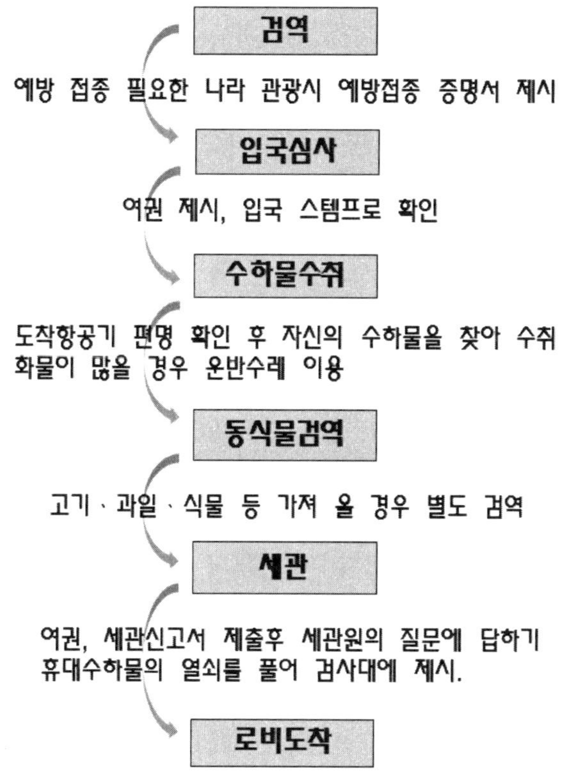

자료: 권문호 등(2008)

<그림 V-2> 입국수속절차

(2) 검 역

현재 대부분의 국가가 오염지역으로부터 입국하는 관광객을 제외한 실제적인 검역은 생략하는 추세이다. 우리나라의 경우 오염지역(동남아시아·아프리카·남아메리카)으로부터 입국하는 승객 및 승무원에게 기내에서 배부되는 검역설문표(노란색)를 작성해 입국시 제출하도록 하고 있다.

검역심사대는 적외선 투시기를 통과하는 것으로 발열증상, 즉 적외선 투시기에서 발열반응을 보였을 경우 별도의 검역심사를 받게 된다.

(3) 입국심사

▪ 입국심사대 앞에 도착한 사람은 대기선에서 기다리다가 자신의 순서가 되면 준비한 서류(여권 등)를 심사관에게 제출한다.

▪ 신고서가 정확하지 않으면 다시 작성하여 심사를 받아야 하므로 순서를 기다리는 동안 확인한다.

▪ 기내에서 신고서를 작성하지 못한 사람은 입국심사장에도 준비되어 있으므로 순서를 기다리는 동안 작성한다.

(4) 수하물 회수

입국사열을 마친 승객은 출발지 공항에서 탁송의뢰한 수하물을 회수하게 되는데, 수하물 수취소(baggage claim areas)에서 컨베이어 벨트 위의 안내판을 보고 항공편을 확인한 후 본인의 수하물을 찾으면 된다.

이 때 수하물이 파손되었거나 분실되었을 때에는 즉시 항공사 직원에게 통보하고, 해당항공사의 분실물신고센터(lost & found)에 신고를 제출하며, 파손의 경우에는 수리비 등의 배상을 받도록 한다.

(5) 세관검사

입국사열을 마치고 수하물 수취소(baggage claim areas)에서 수하물을 찾은 관광객은 관광객 스스로 세관검사대를 선택하는 자진신고 검사제도(dual channei system)에 의해 스스로 세관검사대를 선택해야 한다.

이 검사대는 면세검사대(green channel: 녹색)와 과세검사대(red channel: 적색)로 구분된다. 스스로 선택한 검사대에서 관광객은 여권과 여행자 휴대품신고서를 제출하고 세관검사를 마치면 입국절차가 끝나게 된다.

수하물을 찾으면 세관심사대로 여행자 세관신고서를 제출한다. 신고할 사항이 없으면 그냥 통과하지만, 신고하지 않았다가 발견되면 압류 당하거나 불이익을 받게 된다.

6) 정산 및 사후관리업무

가. 귀국 직후 보고업무

TC는 공항에 도착 즉시 반드시 전화로 회사에 귀국보고를 해야 하며, 귀국한 다음날 회사에 출근하여 행사에 대한 상세한 보고를 하는 것은 TC로서의 기본임무에 해당된다.

관광 중에 크고 작은 컴플레인이나 사고가 있는 경우는 물론이고, 아무런 사고나 컴플레인이 없이 관광이 종료가 된 경우에도 반드시 보고를 해야 한다.

TC에게는 아무리 작고 사소한 일이라도 관광객의 입장에서는 크게 느껴질 수 있기 때문에 TC가 사전보고를 하지 않는 상태에서 관광객의 컴플레인이 먼저 회사의 담당자에게 보고될 때 담당자는 적절한 대응을 할 수 없기 때문이다. 따라서 TC는 도착하자마자 일정에 대한 전반적인 상황을 자세하게 보고해야 한다.

나. 보고서 작성업무

TC의 보고서는 작성은 현지에서 일정이 끝나면 숙소로 돌아와 취침전 그 날의 일정에 관한 보고서를 작성해 놓거나 불가피할 경우 메모라도 해 놓는 것이 바람직하다. 그리고 귀국후 TC업무가 끝나면 가능한 빨리 회사에 출근하여 행사보고서를 작성하여 제출한다.

사고나 컴플레인이 있었던 경우 해결된 일을 포함하여 회사의 소정양식에 기재하고 구두로 보고한다. 보고서 작성시 내용은 가감이 없이 상세하고 정확하게 작성함을 원칙으로 한다.

귀국후 TC들이 작성한 성실한 보고서는 다른 행사진행시 참고가 될 수 있으며, 여행사의 관광진행상의 문제점이나 개선점을 파악하는 데 귀중한 자료로 활용될 수 있다. 여행사마다 보고서 양식은 조금씩 다르지만 일반적으로 <표 V-15> 같은 사항으로 구성되어 있다.

<표 V-16> 보고서 구성내용

항목	내용
현지가이드	·친절도, 성실도, 관광지 설명의 이해도나 전문성 등
관광	·다채로움과 흥미, 관광객의 만족도, 적합성, 접근성 등
호텔	·등급, 부대시설의 내용, 서비스와 친절도, 시내와의 접근성, 조식의 내용, 객실의 크기나 구비된 비품 등
교통	·교통수단, 편리성, 안전성, 특히 차량의 상태와 쾌적성 등
식당	·위치, 메뉴(특히 중복의 여부), 위생, 분위기, 맛, 가격, 서비스, 접근성, 주차장 등
쇼핑과옵션	·적정횟수, 위치, 물품의 다양성, 가격, 접근성, 강제성의 여부 등
특이사항	·돌발사태, 컴플레인, 사고, 그 외에 TC의 의견 등

다. 정산서 작성업무

TC는 회사의 소정양식에 따라 현지 지출경비나 행사비, 예비비의 지출, 선택관광과 쇼핑수수료, 현지에서 수령한 금액 등에 대해 상세하고 정확하게 작성하여 회사에 보고한다.

현지에서 관광일정을 진행하는 과정 중 추가비용이 발생했을 경우 그에 따른 사용처의 사유와 비용, 그리고 지불관계에 대한 것은 반드시 영수증을 첨부하여 작성한 후 제출한다. 가능한 추가지출을 하지 않는 것이 바람직하지만, 부득이한 경우와 불가피한 상황에서는 현명하게 대처하여 지출하고, 지출한 경비에 대해서는 회사에 청구하도록 한다.

또한 회사에 따라 그 기준과 방침은 다르지만 대부분 쇼핑과 선택관광시 발생된 수수료 등 추가이익에 대한 정산을 해야 한다. TC의 신뢰도와 많은 관련이 있는 부분이므로 솔직한 보고가 필요하며, 추후에 쇼핑과 선택관광에 관한 문제발생시 대처할 수 있도록 처신하는 것이 무엇보다 중요하다.

라. 컴플레인 관리

(1) 관광객 주요 불만사항

a. 여행사

신체적 손상, 지연예약, 호텔과 식사의 허위설명, 시설사용과 교통수단의 허위설명, 관광비용의 잘못된 청구, 계약의 일방적 변경과 취소, 관광도중 계약내용의 위반 및 관광일정 변경, 추가경비부담, 팁의 요구, 과도한 쇼핑요구, 안내의 부실 등이다.

b. 운송수단(항공·선박·철도·버스 등)

신체적 상해, 연착과 해약, 초과예약, 차별대우, 화물의 분실·도난·파손, 잘못된 정보의 제공, 높은 가격, 쾌적성, 청결성 등이다.

c. 호텔

신체적 상해, 초과예약, 허위설명, 시설의 고장, 쾌적 및 청결성, 높은 가격, 휴대품의 분실 등이다.

(2) 관광객의 컴플레인 요인

- 신뢰감 부족
- 부정확한 정보제공
- 충분한 자료의 수집부족
- 항공사의 비행 스케줄을 조정 할 수 없을 때
- 가치인식이 적절하지 못할 때

(3) 컴플레인의 유형

불만족한 관광객이 취하는 행동은 첫째, 여행사에 직접 말하는 관광객(37%), 둘째, 수동적인 관광객(14%), 즉 가멘(gamen)이라고도 하며, 이러한 유형은 적극적인 컴플레인 행동을 취하지 않고 소비의 결과를 운명의 결과로 받아들이는 대표적인 형태이다. 셋째, 분노하는 관광객(21%), 즉 실질적인 컴플레인의 행동이 정도를 넘는 경우에 해당되는 유형을 말한다. 넷째, 컴플레인뿐만 아니라 적극적으로 컴플레인 행동을 취하는 관광객(28%)으로 유형화 할 수 있다.

대부분의 불만족한 경우는 컴플레인을 외부에 표출하게 되는데, 대표적인 관광객유형으로 첫째, 해당여행사에 직접 항의와 함께 직접 배상을 요구하는 경우 둘째, 친지나 가족 및 개인적으로 관계가 있는 소비자에게 자신의 컴플레인 사항을 이야기하는 경우, 즉 자신과 관련이 있는 소비자에게 경고하거나 구매중지나 구매 보이코트 등 사적인 행동을 취한다. 셋째, 전혀 자신과 관계없는 제3자에게 컴플레인을 토로하는 경우로써, 공식기관(소비자보호원·정부기관 등)이나 조직(민간단체 등)에 컴플레인을 신고함으로써 자신의 컴플레인을 해소하거나 배상을 요구하게 된다.

제6장 여행항공

1. 항공 카운터 업무

항공 카운터업무는 항공예약은 물론, 발권업무를 총괄하고 있으며, 카운터업무는 여행의 시작 준비에서부터 종료가 될 때까지 모든 과정이 카운터 업무직원이 없이는 이루어 질수가 없다는 점이다 따라서 카운터의 업무는 직접 여행사로 방문하는 고객들을 위해서 또는 숙박호텔 브로슈어, 항공회사의 Time Table, 열차시간표 등 유형의 여행정보물이 구비되어 있어 고객들에게 여행상품의 판매가 가장 효과적으로 이루어지도록 하며, 이와 더불어 여행 상담과 예약, 수배, 여행상품 판매 등을 판매하는 무형의 여행 서비스 업무이다.

현재 항공 카운터업무는 여행사마다 약간 다르긴 하나 항공 카운터부서는 항공 티켓 발권업무, 항공사 세일즈맨과(항공 단체요금조정, (OTH, 오스), FIT 예약을 하고, 담당 OP들이 그룹 Name Change나 항공예약을 하는 등 세분화 되고 있다.

많은 여행사들이 개인 단말기에 TOPAS나 ABACUS를 설치하고 항공예약을 하는 경우가 많으므로 기본적인 항공예약은 필수적으로 해야 할 필요성이 제기 되고 있다.

2. 항공 카운터 실무

1) 카운터 예약실무

가. 항공권예약업무

항공사의 업무는 크게 예약업무, 발권업무, 공항업무, 항공화물·부정기항공업무, 운항·정비업무, 객실업무 등으로 분류할 수 있다. 이러한 여러 가지 업무 중 항공사에서 고객에게 처음으로 서비스하게 되는 업무가 예약업무이다. 항공예약 이란 항공운송업의 기본적 업무로서 항공편을 이용하는 고객의 기본적인 좌석예약과 함께 여행에 수반되는 각종 부대 서비스의 예약 및 여행정보 등을 제공하는 것을 말한다.

(1) 항공예약의 목적

예약은 항공좌석의 정확한 운용관리 및 효율적인 판매와 이용률의 극대화를 통해 항공사의 수입을 제고하고, 항공여행객의 편의를 도모하는 데 목적이 있다.

(2) 항공예약의 기능

① 항공여정의 작성과 좌석예약 여행계획에 필요한 비행편·일정 등의 정보를 제공하여 여행객이 원하는 날짜·시간·목적지대로 편리하게 여행할 수 있도록 항공여행일정을 작성해주며, 또한 이에 따른 예약을 통해 항공좌석을 확보해 준다.

② 수요와 공급의 조정 특히 여행성수기에 집중된 항공수요의 좌석공급을 조정하고 판매업무와 협조하여 수요와 공급의 균형을 이루에 하는 조정기능이다.

③ 부대 서비스의 예약 및 편의 제공: 항공여행시 여행객이 필요로 하

는 각종 서비스를 예약해 주거나 편의를 제공하여 편리한 여행이 될 수 있도록 도와주는 기능이다.

④ 호텔, 렌트카 및 교통편 등에 대한 예약 호텔예약: 경유 및 목적지에서의 투어 수배 등의 예약, 렌트카 및 기타 항공여행과 연결되는 교통편 등의 예약을 들 수 있다.

⑤ 여행정보의 제공: 항공요금, 출입국정보, 관광지 및 쇼핑소개, 세계유명도시의 기후 등 각종 여행정보를 고객에게 제공해 준다.

⑥ 선호좌석예약: 항공사에 따라 운영방법이 다소 차이는 있으나 사전좌석예약제도를 실시하여 창가, 통로, 유아용 Bassinet Seat, Bulkhead Seat, Upper Deck 좌석 등 보통석의 경우 2일 전까지 선호하는 좌석을 요구할 수 있다.

⑦ 특별기내식예약 여행객 중 기호·종교·연령 등으로 기내식사에 특별음식을 원하는 경우, 즉 건강식·유아식·이동식·종교식 등을 사전에 좌석예약시 요구하면 별도로 제공이 가능하다.

⑧ 제한여객의 운송예약: Wheel Chair 환자, 비동반 소아12세미안, 임산부 6개월 이상 등 특별한 서비스가 필요한 여행객의 경우 공항에서의 안내요청 및 도착 안내통지 제공 등 특별 서비스를 신청할 수 있다. 비동반소아의 경우 대한항공은 한 가족 서비스 family care service, 아시아나항공은 Family 서비스를 시행하고 있다.

⑨ 운송의 준비기능: 탑승수속에 필요한 기초자료가 제공되고 특별한 서비스 또는 조치가 요청되는 여행객에 대하여 그 내용을 탑승수속전 관련부서에 통보하여 여행객의 요구사항이 반영되어 처리되도록 한다.

나. 항공예약의 과정

(1) 항공예약의 경로

① 직접예약: 여행객이 해당항공사 및 항공사의 지점을 방문하거나 전화, FAX, 인터넷 홈페이지 등을 통해 직접예약을 하는 경로이다.

② 간접예약: 여행사, 총판대리점, 타 항공사 등을 통해 예약 및 판매되는 유통경로이다.

(2) 항공예약시 확인사항

① 여권에 기재되어있는 영문이름의 스펠링과 동일한 이름으로 예약을 한다.

② 출발 및 도착예정의 등의 날짜와 출발지 공항 및 도착지 공항이 어느 공항인지 정확하게 알아야 한다.

③ 항공여행구간, 항공기편명, 항공좌석등급 등을 확인해야 한다.

④ 스케줄 변동시나 예약 재확인시 연락 가능한 전화번호 등이 필요하다.

⑤ 예약을 끝마치면 예약번호, 즉 예약기록(PNR) 사항을 꼭 받아 둔다.

⑥ 항공권이 정상요금의 것인지 할인요금의 항공권인지를 확인하고 또한 항공권의 유효기간이 언제까지 인지를 확인해야 한다.

(3) 항공좌석의 서비스 등급

기내 서비스 등급(Cabin Class)은 일등석인 First Class, 이등석인 Business Class, 보통석인 Economy Class로 구분된다.

예약시의 등급(Booking Class)은 각 항공사는 예약등급을 여러 가지로 세분화시켜 운영하고 있다. 이것은 동일한 Class를 이용하는 승객이라 하더라도 상대적으로 높은 운임의 개인여행객에게 예약시 우선권을 부여함으로써 항공사의 수입을 극대화하고 높은 운임의 여행객을 보호하려는 취지에서이다.

(4) 공항코드

국제항공운송협회(IATA)는 업무 종사자간 공통의 용어를 사용하여 업무에 착오가 없이 정확하고 신속한 업무처리를 위해 비행기가 운항하는 세계의 각 도시코드는 2자리, 공항코드는 3자리로 암호화(encode)하여 각각 도시코드와 공항코드를 만들었다. 때로는 도시코드와 공항코드가 같은 경우도 있으나 프랑스나 영국 같은 나라 경우에는 여러 개의 국제공항이 있는 경우도 있어 공항코드는 도시코드와 다른 별도의 코드를 사용한다. 아래 <표 Ⅵ-1>, <표 Ⅵ-2>, <표 Ⅵ-3>는 각각 한국지역 도시코드, 아시아 주요도시별 도시코드, 각 국가별 항공사명과 항공코드이다.

<표 Ⅵ-1> 한국지역 도시코드

도시명	도시코드	도시명	도시코드
인천	ICN	서울	GMP
부산	PUS	광주	KWJ
제주	CJU	목포	MPK
여수	RSU	울산	USN
강릉	KAG	속초	SHO
진주	HIN	청주	CJJ

<표 Ⅵ-2> 아시아 주요도시 도시코드

도시명	도시코드	도시명	도시코드
Hongkong	HKG	Jakarta	JKT
Bangkok	BKK	Singapore	SIN
Manila	MNL	Taipei	TPE
Denpasar	DPS	Kualalumper	KUL
Penang	PEN	Phuket	HKT
Hanoi	HAM	Hochiminh	SGN

<표 Ⅵ-3> 각 국가별 항공사 코드

국가	항공사명	코드	국가	항공사명	코드
미국	America Airline	AA	일본	All Nippon Airways	NN
	Northwest Airlines	NW		Japan Airlines	JL
	United Airlines	UA		Japan Air Sustem	JD
	Delta Airlines	DL	태국	Thai Airways	TG
캐나다	Air Canada	AC		Oriental Airlines	OX
이태리	Alitalia Airlines	AZ	싱가포르	Singapore Airlines	SQ
영국	British Airlines	BA	홍콩	Cathay Pacific	CX
터키	Turkish Airlines	KL	필리핀	Philippine Airlines	PR
독일	Lufthansa	LH	말레이지아	Malaysia Airlines	MH
네덜란드	K.L.M Royal Dutch Airlines	TK	인도네시아	Garuda Indonesia Airways	GA
프랑스	France	AF	베트남	Vietnam Airlines	VN
스위스	Swiss Airlines	SR	마카오	Air Macau	NX
우주베키스탄	Uzbekistan Airways	HY	중국	China EASTERN Airlines	MU 동방
러시아	Aeroflot Russian Int' l Airlines	SU		China Northern Airlines	CJ 북방
극동러시아	Dalavia-Far East Airways	H8		China Southern Airlines	CZ 남방
카자흐스탄	Air Kazakstan	9Y		Air China	CA
블라디보스톡	Vladivostok Airlines	XF	한국	Korean Airline	KE
호주	Qantas Airlines	QF		Asiana Airlines	QZ
뉴질랜드	Air New Zealand	NZ			

다. 컴퓨터 예약 시스템

(1) CRS의 정의

CRS(Computer Reservation System)는 컴퓨터를 통한 전산예약 시스템으로, 전산단말기(CRT:Cathode Ray Tube)를 통해 항공편의 예약과 발권 또한 항공운임 및 기타 여행에 관한 종합적인 서비스를 제공하는 시스템을 통칭한다.

(2) CRS의 기능

CRS는 항공예약과 발권기능, 부대 서비스 예약기능, 여행사의 지원업무

기능, 다양한 정보제공의 기능을 갖고 있다. 그러나 CRS는 항공예약뿐만 아니라 종합여행 시스템으로서 다양한 기능을 갖고 있는데, 그 주요기능으로 다음과 같다.

-항공스케줄, 운항정보 조회, 잔여좌석 상태 조회 및 좌석 예약
-운항구간의 운임조회 및 BSP 참여 항공사 발권
-호텔/렌터카 정보 조회 및 예약
-상용고객의 세부 정보 내역 저장 관리
-여행 상품의 정보 제공 및 예약(철도, 선박회사 등 여행관련업체)
-국가별 비자 등 여행관련 정보 조회
-항공업계 뉴스 및 시스템 소식 조회

라. 항공예약기록

(1) 예약기록의 정의 및 구성요소

① 예약기록의 정의

예약기록(PNR:Passenger Name Record)은 항공여행에 필요한 승객의 최소한의 정보 승객성명, 여행도시, 전화번호 등을 CRS의 형식에 맞도록 예약전산 시스템에 기록하는 것을 말한다.

일반적으로 해당항공편 출발 1년 전부터 예약접수를 시작하며, 예약가능인원은 1명에서 99명까지 승객을 예약하고, 기타 서비스사항을 기록할 수 있다.

② 예약기록(PNR)의 구성요소

이름(name section), 여정부문(itinerary section), 여객자료부문(passenger data section), 중요내용 기록부문(history section)으로 구성되어 있다. 따라서 성명·여정·전화번호는 PNR 작성의 필수요소로서 이 중 어느 하나가 빠져도 예약기록(PNR)이 완성되지 않는다.

<표 VI-4> PNR 구성요소

FIELD	용도	입력지시어
NAME	승객의 성명 및 Title	-KIM/HEESUNMS
ITINERARY	항공/비항공 여정	0KE701W1SEPICNNRTNN1
GEN FAX	여정관련 서비스 요청사항 (Meal, 선호좌석 등) 항공사 전송 각종 INFO (유아/소아 나이 등) 업무 참고 사항, 비고	4F VGML
AP FAX		
REMARK	업무 참고 사항, 비고	5* *DLY INFO TO PAX
RECEIVED FROM	예약작성자, 변경의뢰자	6 KIM/GILDONG
TICKET	항공권 번호 입력	7○*18012345678901
TIME LIMIT	발권시한, 명단 입력 시한	81800/12MAY
FONE	전화번호	9T*123-4567 TOTO WS/GAM

마. 수배의뢰서

수배의뢰서는 정확하게 작성되어 수배의 절차와 책임을 명확히 해야 하고, 수배의뢰에 수반된 자료는 문서화하여 보관한다. 정확성을 위해서 전화만으로 예약 및 수배하는 일은 없도록 해야 한다. 수배의뢰서에는 여러 약어가 사용되는데 대개 영어단어를 줄여 쓴다.

<표 VI-5> 수배의뢰서에 사용되는 약어

약어	내용	뜻
ATN	ATTENTION	~앞
GRP	GROUP	단 체
REMARKS	비고	비 고
LCL CONT	LOCAL CONTACT	현지연락처
AIR	AIRCRAFT	항공편
BKK	BANGKOK	도시 코드(방콕)
ICN	INCHEON	도시 코드(인천)
PTY	PARTY	단 체
TRP	TRIPLE	3인실
TWN	TWIN	2인실
SGL	SINGLE	1인실
M	MALE	남 성
F	FEMALE	여 성

(2) 수배의뢰서의 영문날짜 표기법

영문날짜 표기는 '16MAR12'와 같이 하고 2012년 3월 16일을 나타낸다. 각 달의 약자를 익히고 영문날짜 표기에 익숙해져야 한다.

<표 VI-6> 12달의 약자

구 분	약 자	FULL NAME	구 분	약 자	FULL NAME
1월	JAN	JANUARY	7월	JUL	JULY
2월	FEB	FEBRUARY	8월	AUG	AUGUST
3월	MAR	MARCH	9월	SEP	SEPTEMBER
4월	APR	APRIL	10월	OCT	OCTOBER
5월	MAY	MAY	11월	NOV	NOVEMBER
6월	JUN	JUNE	12월	DEC	DECEMBER

(3) 수배의뢰서 작성시 주의사항

수배의뢰서는 오해의 소지를 없애고 신속한 처리를 위해 되도록 수배내용을 간단하고 명료하게 작성한다. 또한 고객의 요청대로 수배되지 않을 경우를 대비하여 적절한 대책방안을 강구해야 한다. 즉 제1안, 제2안 등의 대책을 마련해 두어야 한다. 수배의뢰시 각 부문별로 확인해야 할 사항은 다음<표 VI-7>과 같다.

<표 VI-7> 수배의뢰서 작성시 확인사항

NO	요 소	확 인 내 용
1	숙 박	Hotel Class, Room Type(TRP/TWN/SGL), Location(도심/외곽), Meal (조식형태), Facility등
2	교 통	Domestic Flight, Coach, Train, Ship, Etc
3	식 사	현지식, 기내식, 호텔식 등
4	관 광	추가 옵션 여부 확인

바. ICAO Phonetinc Alphabet

ICAO Phonetic Alphabet는 예약업무 수행히 예약담당자간 신속하고 정확한 의사소통을 위해 알파벳 영문자에 단어 첫 문자로 시작하는 단어를 연결시켜 쉽게 알파벳 영문자를 인식하도록 하기 위한 목적으로 국제민간항공기구(ICAO: International Civic Aviation Organization)에서 권장하는 음성 알파벳을 사용하는데, 예약번호, 도시코드, 공항코드, 가족 예약 Entry 등 항공용어가 구성되어 있다.

<표 VI-8> ICAO Phonetinc Alphabet 음성알파벳

Letter	Phonetic Alphabet	Letter	Phonetic Alphabet
A	Alpha	N	November
B	Bravo	O	Oscar
C	Charlie	P	Papa
D	Delta	Q	Queen/Qubec
E	Echo	R	Romeo
F	Father	S	Smile
G	Golf	T	Tango
H	Hotel	U	Uniform
I	India	V	Victory
J	Juliet	W	Whisky
K	Kilo	X	X-ray
L	Lima	Y	Yankee
M	Mike	Z	Zulu

사. 항공예약 스케줄 확인방법

각 항공사의 Time Table이나 OAG 등을 이용하거나 CRT를 이용하여 항공 스케줄을 확인할 수 있다.

① 정규항공노선 OAG 이용방법

ABC와 OAG는 세계 전지역의 정규항공편의 출발과 도착시간, 면세점, 렌트카 운임, 각국 공항이용료 등 항공여행에 필요한 다양한 정보가 수록되어 있는 항공여행서적이다.

a. ABC(ABC World Wide Guide)

ABC는 영국의 Travel Guide사가 발행하는 월간지로 PART I, PART II 분책형식을 채택하고 있다.

b. OAG(Officlal Airline Guide OAG)

미국의 Official Airline Guide사에 의해서 발행되며, 그 내용에 대하여 법적인 공신력을 인정하고 있지는 않으나 대부분의 국제항공사와 항공업무 관련업체에서 공식적으로 사용하여 전항공사의 항공편의 스케줄, 적용되는 요금 및 항공여행관련 각종 정보를 수록한 책자를 말한다.

OAG는 세계판 World Wide Edition과 북미판 North American Edition 2종류가 발행된다.

② CRT로 본 Timetable 이용방법

출발기준일로부터 28일 동안 또는 1주일 동안의 두 도시간 각 항공사별 운항 스케줄을 OAG 형식으로 볼 수 있다.

아. 예약코드(Reservation Code)

좌석을 예약하기 위해서 시스템에 유지되어 있는 Inventory(좌석재고)를 일련의 코드를 통해 요청하고(action) 그에 대한 응답을 받아(advice) 상태를 유지하는 (status)형태로 이루어진다.

타항공사의 비행편에 대한 요청도 동일한 절차에 따라 운영이 되는 바, 이를 위해 전세계 항공사가 공통적으로 쓰는 여러 코드를 LATA에서 정해 놓고 있다. 예약코드의 종류는 다음과 같다.

(1) 요청코드(Action Code)

- NN: Need reply required indicating action taken appropriate code. 좌석의 요청 또는 SSR 사항의 입력시 해당내용의 요청
- LL: List(Add to waiting list) /대기자로 예약시 사용
- SS: Sold Sell & Report가 체결되어 있는 항공사의 비행편의 좌석에 대해 승객에게 Confirm 예약을 해 주었음을 통보하는 코드

▪ OX: Cancel only if requested segment is available이 Confirm이 되어 있는 Segment 대신 대체편을 Confirm해 달라는 조건부 취소를 요청하는 경우

(2) 응답코드

▪ KK: Confirming/ 요청된 내용(항공편, 기타 요청사항)이 OK가 되었음을 통보함

▪ UU: Unable-Have Waitlisted/ 요청된 내용이 현재는 불가하며 대기자명단에 있음을 통보함.

▪ US: Unable to accept sale, class, date, segment closed, Have Waitlisted, Sell & Report Agreement에 의거해 좌석을 판매하였으나, 해당항공사가 Accept하지 않음. 대기자에 List

▪ UC: Waitlisted closed. Unable to accept, request, Waitlist or Sale. 요청된 내용의 OK도 불가하며 대기자도 불가함을 통보

▪ UN: Unable, Fight does not operate or special service not provided, 요청한 비행편이 운항을 하지 않거나 요청한 서비스가 제공되지 않음을 통보

▪ NO: No action taken/ 요청사항이 잘못되었거나 기타의 이유로 Action을 취하지 않았음을 통보, Action을 취하지 않은 경우 이유는 Fact 난에 통보된다.

▪ KL: Confirming from waiting list/ 대기자명단에 있던 승객이 대기자로부터 좌석이 OK되었음을 통보

(3) 상태코드(Status Code)

▪ HK: Hods confirmed/ 예약이 확약되어 있는 상태

▪ HL: Have waitlisted/ 예약이 대기자명단에 올려 있는 상태

▪ HS: Have sold/ 좌석을 판매한 상태(KF FLT가 AVBL한 경우 나타남)

- RR: Reconfirmed. 예약재확인까지 마친 상태

(4) 기타 코드(Non-LATA Code, KE Use Only)

- PN: 타항공사의 좌석을 NN으로 Request하고 응답이 오기까지 유지되는 code(pending of reply)
- WK: KE Flt의 Schedule Change를 나타내기 위한 것으로 전의 스케줄(old sch-edule segment)를 나타냄
- SC: KE Flt의 Schedule Change로 인한 New Schedule을 뜻함.
- PA: Priority waiting list/ 우선대기자로 예약시에 사용
- DL: Deleted from confirming list/ 'KL'상태에서 대기자로 되돌려진 상태

*** 예약코드의 흐름 및 정리사항은 p183~185 <추가자료> 참고**

3. 항공권 업무

항공권은 "운송의뢰인, 즉 승객과 항공사간에 성립된 운송계약의 내용을 표시하고 그에 정한 바에 따라 운송이 항공사의 운송약관 및 특약에 의거하여 행해지는 것을 표시하는 증거증권"이다. 현재 항공권은 거의 모든 항공사들이 e-Ticket(러시아나 ATR 발권지역은 제외됨)으로 바뀌고 있기 때문에 고객의 입장에서는 항공 티켓의 소지도 편하게 되었고, 분실시에도 PNR 번호만 알면 언제든지 재발행이 되기 때문에 편리하다. 또한 항공사의 입장에서도 항공 티켓을 e-Ticket으로 처리하기 때문에 절약면에서도 효율적이다.

1) 항공운임

항공운임은 각 항공사의 요금표와 IATA의 가격기준으로 결정되는데 항공사마다 다양한 조건에 따라 할인요금을 적용하고 있다. 여행조건과 여행인원 및 항공권 사용기간, 여행자의 신분, 연령, 탑승좌석 등급, 계절, 여행경로 등 에 따라 다양하고 복잡하며 항공운임의 종류는 다음과 같다

가. 항공운임

- 정상운임 (Normal Fare)
- 특별운임/판촉운임 (Special Promotional Fare)
- 할인 운임 (Discounted Fare)

유아운임(IN: lnfant Fare)

소아운임(CH: Child Fare)

비동반소아운임(UM: Unaccompanied Minor)

학생운임(AD: Student Discount)

선원운임(SC: Ship's Crew Discount Fare)

대리점직원운임(AG: Agent Discount)

환자운임(Stretcher Fare)
이민운임(Emigrant Fare)
인솔자운임(Tour Conductor Fare)

나. 정상운임과 특별/판촉운임

(1) 정상운임(NORMAL FARE)

예약변경, 여정변경, 항공사변경, 발권일시의 제한, 환급 등의 조건제한이 없고, Stopover의 횟수에 대한 제한도 없다. 유효기간은 발권(Issuing Date) 후 1년 이내에 첫 FLT CPN(Flight Coupon)을 사용해야 하며 나머지 FLT CPN도 여행개시 후 1년 이내에 모두 사용해야 한다. Fare Basis는 좌석 등급에 따라 다음과 같이 표기된다.

<표 VI-9> 정상운임 및 할인운임의 좌석등급 표기

좌석등급	CODE	내용
1등석	P F	FIRST CLASS PREMIUM FIRST CLASS
상용석	J C	BUSINESS CLASS PREMIUM BUSINESS CLASS
일반석	Y	ECONOMY CLASS/NORMAL
일반석 할인	K G M X	ECONOMY CLASS/EXCURSION ECONMY CLASS/ GROUP ECONOMY CLASS/PROMOTIONAL INCENTIVE GROUP(KE)

#아시아나(OZ)는 T Class로 표기함#

(2) 할인운임(DISCOUNTED FARE)

할인운임은 승객의 여행형태, 나이, 신분에 따라 할인이 제공되는 운임이다. 승객의 여행조건에 따라서도 정상운임이나 특별운임이 적용될 수 있다.

Fare Basis는 LSTO, YLEEIM/CH33, Y/IN90, YGV10/CG00, LEMO, YCD 등으로 표기 된다.

<표 VI-10> 할인운임

번호	CODE	내 용	대 상	예
1	IN	Infant Discount	2세 미만	IN90
2	CH	Child Discound	12세 미만	CH33, CH50
3	UM	Unaccompanied Minor	생후 3개월~만5세 미만	성인요금
			만 5세 이상~만 12세 미만	CH33
4	SD	Student Discount	학생	SD25
5	SC	Ship'S Crew Member	선원	SC25, GS40
6	AD	Agent Discount	여행사 임직원	AD75, AD50
7	ID	Air Industry Discount	항공사 임직원	ID90
8	EM	Emigrant Fare	이민자용(편도만)	LEMO.EM25
9	CG	Tour Conductor Discount	단체인솔자	CG00
10	GV	Group Inclusive Tour Discount	단체여행 최소 인원	GV10
11	CD	Senior Citizen Discount	65세 이상 노인 할인	YCD

#코드 뒤의 숫자는 일반적으로 할인율을 나타낸다(GV10 제외).

(3) 유아운임(INFANT FARE: IN90)

최초 여행일을 기준으로 했을 때 생후 14일 이상~만 2세 미만으로 유아로 좌석을 점유하지 않을 때(NO SEAT:NS)의 운임이다. 이 경우 생년월일(DOB: Date of Birth)은 항공권의 Endorsement/Restriction란에, 동반 보호자의 항공권번호는 Conjunction Tickets란에 기재된다.

성인운임의 10%를 적용받고 IN90으로 표기한다. 단, 성인 보호자 1인에게 1명의 유아만 인정한다. 따라서 유아가 2명 이상인 경우에 1명의 유만 적용 되고 나머지 유아는 Child 운임이 적용된다. 국내선의 경우에는 국가마다 규정이 다른데 한국, 미국(USA), 캐나다(CAN)의 국내선은 무료이다.

유아의 무료 수하물 허용량은 Weight System의 경우 1개의 접을 수 있는 Stroller/Push Child 또는 유아 운반 Basket이다. Piece System의 경우에는 115cm 미만의 가방 1개와 접을 수 있는 유모차이다.

(4) 소아운임(CHILD FARE : CH33)

최초 여행일 기준 만 2세에서 만 12세 미만으로 성인 보호자가 동반하는 경우이다. 성인운임의 50~67% 수준이 적용된다(CH33). 이 경우 생년월일(DOB: Dare of Birth)은 항공권의 Endorsement / Restrictions란에, 동반 보호자의 항공권번호는 Conjunction Tickets란에 기재된다. 단, 특별운임 중에는 CH, IN 할인이 불가한 경우도 있다. 별도의 좌석이 제공되고 성인과 동일한 무게의 무료 수하물이 적용된다.

(5) 비동반 소아운임(UNACCOMPANIED MINOR FARE : UM)

성인 보호자를 동반하지 않은 소아에게 적용하는 운임이다. 생후 3개월부터 만 5세 미만의 소아가 성인을 동반하지 않고 혼자 여행 할 경우 성인운임을 적용하고, 만 5세 이상에서 만 12세 미만은 성인을 동반한 CH 운임과 동일하게 적용한다.

무료 수하물 허용량은 성인과 같으며, Ticket상에 DOB를 기재해야 한다. 보호자가 없으므로 Conjunction Tickets란에는 보호자번호가 없다. UM은 사전에 예약과를 통해 운송허가를 취득해야 하는데, 이 경우 탑승수속을 할 때나 기내에서 승무원의 도움을 받을 수 있다.

(6) 학생운임(STUDENT FARE : SD 25)

입학허가서를 받고 타국의 교육기관으로 떠나거나 다시 모국으로 귀국할 때 적용한다. 최초 여행일 기준 만 12세 이상~만 25세 이하로서 정규교육기관에 6개월 이상 교육과정에 등록된 학생에게 적용되는 요금이다.

적용기간은 학업시작 6개월 전부터 학업종료 후 3개월까지 가능하다. 운임 수준은 성인요금의 75%가 적용되지만 Y Class에만 해당된다. 또한 Transit은 허용하지만 도중체류(Stopover)가 불가하다.

입학허가서 사본, 재학증명서(원본), 학생증 사본이 필요하다. 최초 발권시 증빙서 제출이 불가능한 경우, 정상운임으로 구입한 후 여행개시 후 3개월 이내 해당 증빙서류를 제출하면 할인금액에 대해 환급이 가능하다.

Fare Basis에는 SD25와 같이 표기하여 25%가 할인되었음을 나타낸다.

USA / CAN로 가는 학생은 25%의 할인 대신에 LSTO(R) 운임이 적용된다. LSTO(Low Season Student One Way) 운임은 J1(교환교수) / J1(교환교수 가족), F1(유학생) / F2(유학생 가족) 등의 비자를 구비했을 때 적용이 가능하다. 이 때 나이의 제한은 없다.

(7) 선원운임(SHIP'S CREW DISCOUNT FARE : SC25/GS40)

선박 취업 선원증명서를 소지한 선원에게 적용하는 운임으로 승선지나 하선지에서 근무교대를 위하여 항공기를 이용하는 경우 적용한다. 개인선원(SC)은 성인요금의 75%이고 Y Class 만 적용된다. 단체 선원(GS)은 조업과 관련해 여행하는 단체선원으로 규정은 개인선원과 동일하며 요금은 성인요금의 60%이다(GS40). 단, 도중체류가 불가능하고 무료 수하물은 40kg까지 허용한다. Seaman Certificate(선원증명서), Seaman Book(선원수첩 : 근무시에만 나누어줌), 선원고용계약서가 필요하다.

(8) 대리점 직원운임(AGENT DISCOUNTED : AD75 / AD50)

항공사와 대리점 계약을 체결한 대리점 직원 및 그 배우자에게 적용되는데 항공사의 승인이 요구된다. 또는 해당여행사에 1년 이상 근무한 IATA 대리점 임직원에게 적용된다.

본인은 성인 정상요금의 25%를 적용(AD75), 동반 배우자도 50%(AD50)가 적용된다. 할인기준은 IATA에서 규정한 정상요금(Shown Fare)이다. 유효기간은 항공권 발행일로부터 3개월 이내에 사용해야 하고 첫 번째 Flight Coupon은 해당 연말까지 사용한다.

구비서류는 대리점의 신청서(Application Letter of Agent), 항공사의 승인서(Authorization Form), 타 항공사 개입시 해당항공사의 동의서(Concurrence Letter)가 필요하다.

(9) 항공사 직원운임(AIRLINE INDUSTRY(EMPLOYEE) DISCOUNT)

항공사 직원에게 발행되는 할인 티켓이다. 보통 90%의 할인을 받거나 무료이며, 이 항공권 역시 좌석확정이 되지 않고 마일리지 적용 등을 받지 못한다. 그리고 사전예약이 인정되지 않고 잔여석이 있을 때만 탑승할 수 있다.

SUBLO Ticket(Subject to load)이라고도 한다.

(10) 환자운임(STRETCHER FARE)

치료를 목적으로 들것(Stretcher)에 누워 항공여행을 하는 사람에게 적용되며 환자와 2명의 보호자를 포함하여 해당구간 성인 정상 1등석 운임의 4배를 적용한다.

(11) 이민운임(EMIGRANT FARE : EM25)

이민사증을 소지한 이민자에게 적용되는 운임으로서 정상운임의 75%를 적용하도록 한다.

(12) 단체인솔자할인(TOUR CONDUCTOR)

통상 10명 이상의 단체를 인솔하는 인솔자에게는 FOC(Free of Charge)가 주어진다. 어린이의 경우 2인을 성인 1인으로 하여 단체의 구성원수를 정하는데, 항공사의 자체 규정에 따라 할인 수혜인원 및 할인율이 달라진다. 100% 할인의 경우에는 CG00, 50%의 경우에는 CG50 등으로 표기한다.

<표 VI-11> 단체규모에 따른 할인율 FOC

<table>
<tr><th>단체인원</th><th>할인인원</th><th>표기</th><th>FOC 적용 및 할인율(%)</th></tr>
<tr><td>1~9</td><td>0</td><td>-</td><td>항공사에 따라 별도 규정</td></tr>
<tr><td>10~14</td><td>1</td><td rowspan="6">CG00
CG50</td><td>50%할인</td></tr>
<tr><td>15~25</td><td>1</td><td>FOC 1매</td></tr>
<tr><td>26~29</td><td>2</td><td>FOC 1매, 1인은 50% 할인</td></tr>
<tr><td>30~39</td><td>2</td><td>FOC 2매</td></tr>
<tr><td>40~44</td><td>3</td><td>FOC 2매, 1인은 50% 할인</td></tr>
<tr><td>45~54</td><td>3</td><td>FOC 3매</td></tr>
<tr><td>55 이상</td><td colspan="3">인솔자는 단체에 포함되지 않고 별도 계산한다.</td></tr>
</table>

다. 기타 운임

(1) 공식운임(PUBLISHED FARE)

IATA 산하의 운송회의(TC)에서 결정한 두 도시 사이의 직행운임으로서 단말기나 운임책자에 공시되어 있다.

(2) 직행운임(DIRECT FARE)

공시운임을 포함하여 두 도시 간의 운임이 공시되지 않았더라도 산출이 가능한 두 도시 간의 운임이다. 공시되지 않은 두 도시 간의 운임을 계산할 때는 부가운임(ADD-ON)을 이용하거나 중간 지점의 운임을 결합(Combination Fare)하여 계산한다.

(3) 통과운임(THROUGH FARE)

두 도시 사이에 있는 중간 도시들을 경유하는 여정의 전체 운임을 산출할 때, 허용된 여행거리와 실제 승객이 여행한 거리를 비교하여 해당 두 도시간의 공사운임을 그대로 적용하거나 또는 두 도시 간의 공시운임에 할증률을 적용한 해당여정의 운임이다. 예를 들어, SEL-HKG-SIN의 운임은 SEL / SIN간 공시운임을 그대로 적용하는 것이 가능하다

(4) 부가 (ADD-ON) 운임

관문도시와 해당도시 사이에 설정된 부가운임으로 해당 국가의 통화가 적용된다. 여객운송량이 적은 도시는 공시운임을 모두 책정하지 않고 주변의 관문도시(GATEWAY CITY)와 해당 도시 간의 운임을 별도로 설정하여 이용한다. 즉 해당도시에서 관문도시까지의 ADD-ON 운임과 관문도시에서 도착 도시까지의 공시운임을 결합하여 해당도시에서 도착도시까지의 전체 운임으로 적용한다.

예를 들어, PUS(Pussan)-LAX(Los Angeles) 간은 PUS의 관문도시인 SEL(Seoul)의 운임 및 조건을 ADD-ON Table에서 확인하고 SEL-LAX의 공시운임 및 조건을 확인한다. 그리고 PUS-SEL의 ADD-ON 운임에 SEL-LAX 공시운임을 합하여 산출한다. ADD-ON은 SEL-PUS 왕복요금보다 저렴하게 적용받는다. OZ로 대구에서 유럽을 갈 때도 ADD-ON을 적용하면 국내선 대구-서울 왕복요금(약 10만 원)이 아닌 5만원정도의 ADD-ON를 적용 할 수 있다.

그러나 ADD-ON 운임은 반드시 공시운임과 결합하여 사용해야 한다. ADD-ON을 결합하여 산출된 운임은 공시운임과 동일한 효력을 가지며, 승객 여정상의 운임을 결합할 때 사용된 관문도시를 반드시 경유할 의무는 없다.

2) 항공권의 종류

항공권은 항공여행을 하려는 고객과 항공사 간의 계약을 이행하는 운송의 증표이다. 계약의 내용에 따라 여러 종류가 있으나 여객 및 수하물의 수송에 대한 증표를 여객항공권(Passenger Ticket And Baggage Check)이라고 한다.

PAX TKT라고 하며 공항에서 탑승권(Boarding Pass)과 교환해서 탑승한다. 타인에게 양도가 불가능하고 항공권에 명시된 승객에게만 권한이 있다. 여행사에서도 항공권 발권이 가능하며 발권형태는 MIT(수기발권)와 TAT(자동발권)가 있다.

(1) MIT(Manually Issued Ticket)

수기항공권은 요금을 직접 계산한 후 손으로 써서 발권한다. 항공사가 자사상호와 Logo를 넣어서 제작한 항공사 수기항공권과 BSP가 배포한 Issued By란이 비어 있고 발권할 때 항공사명과 IATA 번호가 Imprint되는 BSP항공권으로 구분된다.

수기항공권 발권시는 영문 인쇄체 대문자로 진하게 눌러 써서 마지막 Cou-pon까지 내용이 잘 보여야 한다. 반드시 압인(Imprinter)으로 인가대리점 표시인 AVP(Agent Validation Plate)와 취급자 표시인 CIP(Carrier Identification Plate), 날짜를 표시해야 한다.

(2) 자동발권항공권(TAT / OPTAT)

자동발권항공권은 CRS를 이용해 예약 및 발권 DATARK 전용 자동발권기 (STP : Satellite Ticket Printer)로 발권되고 매표 보고서도 자동으로 생산된다. 특정 항공사가 자사로고와 상호를 인쇄해서 제작한 자동발권 항공권은 TAT(Transitional Automated Ticket)라고 한다. 그러나 Issued By란이 비어 있고 발권할 때 항공사명과 번호가 Impprint되는 것을 OPTAT(Off-Premise Transitional Automated Ticket)라고 한다.

(3) 단체 항공권(Collective Ticket For PAX)

단체 항공권은 취항 구간에 한해 단체나 전세기 운송을 위해 발행된 증표이다. 오른쪽 상단의 항공권번호 180 : 4740 : 046 : 981 : 2의 180은 항공사 코드(KE)이고 4740은 Charter TKT임을 나타낸다.

(4) 탑승권 겸용 항공권(ATB)

Automated Ticket and Boarding Pass로 탑승권(Boarding Pass)의 기능도 한다. 국내선에서 주로 사용되고 사전에 발급받지 않고 당일 공항의 해당항공사 카운터에서 직접 구매할 때도 발권된다. 뒷면 마그네틱 선(Magnetic Stripe)에 발권 및 탑승정보가 기록된다.

4. 항공카운터 예약 실무

1) 토파스 예약실무

가. 초기화면

(1) ▶: SOM(Start of Message)

지시어(Entry) 시작위치를 명시해주며, 단말 기종에 따라 >, +로 표시되기도 한다. SOM이 현재의 화면상에 없으면 지시어에 대한 응답을 얻을 수 없으므로 이때는 Esc Key나 화면 Clear Toolbar를 클릭하여 SOM 부호를 생성시켜야 한다(PBT-Ⅱ 기종은 자판상에서 SOM KEY를 누르면 된다).

(2) ▮: CURSOR

지시어의 각 글자가 Type될 위치를 알려주며 한 자씩 입력할 때마다 뒤로 이동한다. Cursor는 ▮ Type(삽입기능)과 _Type(수정기능)이 있다.

삽입과 수정기능 변환은 자판의 Insert Key를 이용한다.

(3) CLEAR TOOL

화면 전체를 지우며 SOM과 Cursor를 화면의 상단 가장 좌측으로 이동시킨다.

나. KEY BOARD 사용법

(1) [Ctrl]

- Enter Key 역할
- 지시어(Entry)를 Main Computer로 보내어 작업을 수행시키는 역할을 한다.

(2) 지시어 함께 쓰이는 부호들

<표 VI-12> 지시어함께 쓰이는 부호들

부호	명칭	주기능
*	Asterisk	예약기록을 화면상에 Display, 조회 정리 기능
@	Lozenge	입력된 내용의 삭제 또는 수정
/	Slash	다른 내용의 ITEM 분류 기능, lnsert
−	Hyphen	From To 또는 이름 입력 지시어
lorl or #	And The ltem	여러 개의 지시어 연결

☞ * [Key로, @는] Setting하면 자판상에서 Shift key를 누르지 않아도 간편하게 사용할 수 있다.

다. SCROLLING

<표 VI-13> SCROLLING

지시어	MEANING
MD	Move Down
MT	Move Top
MB	Move Bottom
MU	Move UP

☞ 지시어 입력후 응답화면 하단의 SOM 앞에 And The Item(|, #) 부호가 나타나면 응답화면이 밑으로 더 있다는 표시이므로, MD 하여 아래로 화면을 내려 볼 수 있다.

라. SINE IN/OUT

CRS를 사용하는 개개의 직원에게는 고유의 등록된 SINE이 주어진다. SINE을 부여받은 직원은 CRS를 사용할 때마다 자신의 SINE을 입력하여야만 작업을 할 수 있으며, 작업한 모든 예약기록에는 자신의 Sine(Reference Code)이 남게 된다.

(1) SINE의 입력

B S I A 0001 R6/GS

BSI : Beginning Sine In

A : Area (작업장)

0001 : Sine Number - 개개의 직원에게 주어지는 고유의 비밀 번호이며 Password의 역할을 한다.

R6 : Reference Code - Sine Number와 마찬가지로 개개의 직원에게 주어지며 각 지원이 수행한 작업과 함께 예약기록에 남아 참조 역할을 한다.

/ : Slash (분류기능)

GS : Duty Code - 각 직원이 수행하는 업무의 성격에 따라 부여되며, GS는 General Sales Agent를 나타낸다.

- 사인 입력후 Sine-in-Text 생성
- TOPAS, 항공사 관련 정보 제공
- Sine-in-Text의 내용을 다시 보고자할 경우 지시어 UD 로 확인 가능

(2) 작업장의 확인

TOPAS에는 5개의 작업장이 있다. 이 작업장(Area)을 각각 A, B, C, D, E 작업장이라 부르며, 여러 작업장을 활용하여 서로 다른 예약기록 작성 작업을 동시에 수행할 수도 있다. 단, Sine이 입력된 작업장만 활용 가능하므로 현재 작업장의 SINE 입력 여부를 확인해 볼 필요가 있다.

```
BM*
```

FC6923 : CRT의 고유 Address

AREA : A, B, C, D, E 의 작업장을 나타낸다.

현재 사용중인 작업장은 ACTIVE로 표시된다

(Sine이 입력되지 않은 작업장은 UNUSED로 표시).

* : 작업이 종료되지 않은 예약

SINE CODE : Agent Reference Code

DUTY CODE : Agent Duty Code

CITY CODE : Own Terminal City Code

A/L CODE : Airline Code

MODE(S) : CRT Mode

```
BM
```

A-IN : A작업장에 사인을 입력하고 현재 사용중임

B-OUT : B작업장에 사인은 입력되었으나 현재 사용하고 있지 않음

C, D, E-UNUSED : C, D, E작업장엔 사인을 입력하지 않았음

(3) 작업장의 이동

SINE이 입력된 작업장끼리는 서로 이동이 가능하다.

```
BA
```

(4) SINE OUT

▪ CRS에서 작업한 내용을 보호 관리하기 위해 예약직원은 자리를 비울 일이 있을 경우 Sine을 Out시키는 것이 좋다. Sine이 Out되면 Sine번호를

모르는 타직원들은 CRS를 사용할 수 없게 되므로 기 작업내용에 대한 문제 발생 소지가 사라지게 된다.

▪ Sine Out은 컴퓨터 전원을 끄거나 장시간 사용치 않으면 Auto Out된다. 따라서 어떤 지시어를 입력했을 때 'SINE IN' 이라는 응답이 나오면 Sine이 빠져 있다는 뜻이므로 Sine을 다시 입력해야 한다.

a. 전체 작업장의 SINE OUT

BSX

▪ 전체 작업장의 Sine이 Out되었다.

▪ 완료되지 않은 예약기록이 Display 된다. 작업을 완성하거나 취소한 후 Sine Out한다.

b. 개개 작업장의 SINE OUT

BSO

▪ 현재 사용중인 작업장만 Sine Out된다.

마. DECODE/ENCODE

전 세계 항공사와 CRS는 업무의 정확성과 신속성을 위해 IATA의 주관하에 도시, 공항, 항공사, 주, 국가, Class, 기종 등을 Code로 만들어 쓰고 있다. 이 대, Code의 의미를 풀어보는 작업을 Decode라하며, 반대로 Full Name을 Code로 만드는 작업을 Encode라 한다.

(1) DECODE

a. CITY(도시)CODE

▪ 지시어

```
SC*LAX
```

▪ 응답화면

```
SC*LAX
LAX LOS ANGELES. CAS. US MULTI APTS
  GMT -8. 00 /FROM 7APR02 -7.00 /FROM 280CT02 -8.00
  LOCAL TIME 2143   MON   15APR02
```

LOS ANGELES : 도시 Full Name

CAS : 해당도시의 주 Code

US : 해당도시의 국가 Code

MULTI APTS : 해당도시에 여러 개의 공항이 있음

GMT : Greenwich Mean Time(세계표준시), Summer Time 적용시기도 표시

LOCAL TIME : 해당 도시의 현지 시각

b. AIRPORT(공항)CODE

▪ 지시어

```
SP*NRT
```

▪ 응답화면

```
SP*NRT
NRT NARITA AIRPORT OF TYO
TYO TOKYO MULTI APTS
    GMT *9.00
    LOCAL TIME 1344 TUE 16APR02
```

▪ City Code 조회시 SP*LAX, Airport Code 조회시 SP*LAX 지시어도 사용 가능하다.

c. STATES(주) CODE

▪ 지시어

```
SS*CAS.US
```

▪ 응답화면

```
SC*CAS.US
CAS SOUTH CALIFORNIA.US
```

d. NATION(국가) CODE

▪ 지시어

```
SN*CA
```

▪ 응답화면

```
SN AC
CA CANADA
```

e. AIRLINE(항공사) CODE

▪ 지시어

```
SA*NW
```

▪ 응답화면

```
SA  NW
NW  NORTHWEST A L.US
```

f. AIR CRAFT(기종) CODE

▪ 지시어

```
SE*774
```

▪ 응답화면

```
SE 744
744 BOEING 747 JUMBO 400 SERIES
```

g. CLASS CODE

▪ 지시어

SK*M

▪ 응답화면

```
SK*M
M    BA-ECONOMV          INDUSTRY-COACH ECONOMY DISCOUNT
```

h. 해당도시의 Multi Airports List 조회

▪ 지시어

SL*P.NYC

▪ 응답화면

```
SL*P.NYC
P JRE EASTSIXTIETH ST H*NYC  P TSS E THIRTYFOUR ST H*NYC
P JHC GARDEN CITY       *NYC  P JFK JOHN KENNEDY       *NYC
P LGA LA GUARDIA        *NYC  P EWR NEWARK             *NYC
P JRA THIRTIETH ST HELI *NYC  P JWS WALL ST HLPT       *NYC
```

I. 해당도시 Direct Routing 조회>

▪ 지시어

SR*ZRH

▪ 응답화면

```
SL*ZRH
DIRECT ROUTINGS INTO ZRM ZURICH. CH
FROM INT/DOM APPROX    AVG FLTS NON STOP
      SERVICE DISTANCE KMS PER WEEK SERVICES
SEL     INT      8770              3      YES
TYO     INT      9578             10      YES
LAX     INT      9534             14      YES
HKG     INT      9300              5      YES
NYC     INT      6320             47      YES
SIN     INT      489             143      YES
```

j. Traffic Restriction 조회>

▪ 지시어

```
ST*502
```

▪ 응답화면

```
ST*502
502 NON SMOKING FLIGHT LEG
```

(2) ENCODE

a. CITY(도시)

▪ 지시어

```
SC*/OSAKA
```

▪ 응답화면

```
SC*/OSAKA
M OSA OSAKA                    .JP
```

b. AIRPORT(공항)

▪ 지시어

```
SP*/ITAMI
```

▪ 응답화면

```
SP*/ITAMI
P ITM                          *OSA
```

c. NATION(국가)

▪ 지시어

```
SN*/JAPAN
```

▪ 응답화면

```
SN*/JAPAN
  JP   JAPAN
```

d. AIRLINE(항공사)

▪ 지시어

```
SA*/CATHAY PACIFIC
```

▪ 응답화면

```
SA*/CATHAY PAACIFIC
 CX   CATHAY PACIFIC       .HK
```

e. STATES(주)

▪ 지시어

```
SS*/TEXAS
```

▪ 응답화면

```
SS*/TEXAS
 TX    TEXAS                  .US
```

(3) CITY CODE 유형

a. ROM TYPE: 도시명의 첫 3자리

CHI : CHICAGO. US	LON : LONDON.GB
FAI : FAIRBANKS.US	MAD : MADRID. ES
HAM : HAMBURG.DE	PAR : PARIS.FR
IST : ISTANBUL.TR	RIO : RIO DE JANEIRO.BR
LAS : LASVEGAS.US	VIE : VIENNA.AT

b. BKK TYPE : 도시명의 첫 자 + 선택2자

DTT : DETROIT.US	GVA : GENEVA
GUM : GUAM.GU	HNL : HONOLULU.US
MOW : MOSCOW.RU	OKA : OKINAWA.JP
MNL : MANILA	THR : TEHRAN.IR

c. YUL TYPE:캐나다 도시 첫 자는 Y

YVR : VANCOUVER	YYZ : TORONTO
YYC : CALGARY	YOW : OTTAWA
YHZ : HALIFAX	YWG : WINNIPEG

d. 기타

PDX : PORTLAND.US	LAX : LOS ANGELES.US
SCL : SANTIAGO.CL	

바. AVAILABILITY(예약가능편) 조회

(1) 기본 지시어(General Seat Availability)

- 지시어

A1SEPSELTYO

또는

A15MAY/SEOUL/TOKYO/

- 응답화면

```
A15MAYSEL TYO
15 MAY WED 1200 SEL  - TYO TOKYO. JP                                    NTE
1@ICN  NRT 1120 1345  J9 C9 Z9 Y9 B9 M9 H9 Q9 V9 NW 008 747 0  502
                      K9
2 ICN NRE   1120 1335  C9 I8 W9 Y9 T3 H3 L3  S3 B3 KE 703 744 0
                      X0 Q0 V0 K0 M0 GR E9
3@ICN NRT  1130 1340 C4 W0 Y4 B4 M00 G0            NH6974 767 0  127
** OPERATED BY ASIANA AIRLINES
40ICN NRT   1130 1340 C* Y* V* B* T* S* W* H* G* OZ 104     767 0 502
                      Q*
5/ICN  NRT  1210 1430 F4 C4 D4 Y0 B0 M0 H0 Q0 V0 VA 882    774 0 502
                      W0
```

15MAY WED 1200 : 지정일, 요일, 기준 시간(12시)

SEL-TYO TOKYO.JP : 출/도착지

NTE : Note

1 : Availability 번호

ICN NRT : 출/도착지(공항 코드 우선)

1120 1345 : 출/도착시간(해당 도시 현지 시각 표시)

J9, C9, Z9…… : 운영 Class 코드 및 가능 좌석 수 표시

NW 008 : 항공사 코드 및 편수

747 : 기종코드

0 : 경유지 횟수

502 : Note 번호

▪ 지시어

A1SEPDFWSEL

▪ 응답화면

```
A1SEPDFWSEL
1SEP SUN   1200 DFW - SEL SEOUL. KR                              NTE
1/DFW LAX 1-0929 1034 F4 A7 S7 Y7 B7 H7 M7 N7 AA2409 757  0 502
                      K7 L7
2/       ICN 1-1230 1705*1C4 D4 I4 Y4 B4 M4 H4 Q4 DL7108 744  0 127
                      K4  L4
** OPERATED BY KOREAN AIR
3/DFW SF0 1-0955  1133 F4 A4 Y4 B4 M4 H4 Q4 K4 DL2238 M90 0 502
                      L4 U4
4/     ICN  1-1300  1720*1C4 D4 I4 Y4 B4 M4 H4 Q4 DL7116 772 0 127
                      K4  L4
** OPERATED BY KOREAN AIR
```

1 SEP SUN 1200 : 지정일 요일, 기준 시각(1200)

DFW SEL…… : 출/도착지

NTE : NOTE

1 : Availability 번호

DFW LAX : 출발지/연결지

1-0929 1034 : 출/도착시간(현지 시각 기준)

F4 A7 Z7…… : 운영 Class 코드 및 가능 좌석 수

AA2409 : 항공사 코드 및 편수

757 : 기종

0 : 경유지 횟수

502 : Note 번호

ICN : 도착지

1-1230 : 연결지에서의 출발시각

1705 : 도착 시각

*1 : 도착지에서의 날짜 변경(하루 지난 날짜에 도착)

(2) SYSTEM LINK 후 조회 지시어(Last Seat Availability)

▪ 지시어

A1SEPSELHKG*CX	또는

A1SEPSELHKG	→	AD1	(Line number)

▪ 응답화면

```
A1SEPSELHKG*CX
1SEP  SUN   1200  SEL  - HKG HONG KONG .HK
** CX SYSTEM**
1 ICN HKG 0935 1405  J9  C9 D9 I9  Y9 B9 H9 K9 M9 L9 CX 421 773 1
                     S9 V0 NR O0 QR
2 ICN HKG 1030 1315  J9   C9 D9 I9 Y9 B9 H9 K9 M9 L9 CX 417 773 0
                     S9  V9 N9 09 Q9
3 ICN HKG 1540 1820  J9 C9 D9 I9 Y9 B9 H9 K9 M9 L9 CX 411 330 0
                     S9 V9 N9 09 Q9
4 ICN HKG 1950 2230  J9 C9 D9 I9 Y9 B9 H9 K9 M9 L9 CX 419 773 0
```

▪ 위와 같은 조회 방법은 Direct Sell(@로 표시), Direct Access(/로 표시)항공사만 가능하다.

여정을 예약할 경우 KE 이외의 구간은 General Seat Availability 상에서 예약하는 것보다는 Last Seat Availability 상태에서 작성하는 것이 더 정확한다.

(3) 선택사항(OPTIONS) 지정 지시어

<표 VI-14> 선택사항 지정지시어와 기능

지시어	기능
A25NOVSEL TYO0900	Availability 기준시 지정
A25NOVSELPDX-LAX	SEL에서 PDX까지 LAX로 연결되는 SKD Display (예 : SEL-LAX-PDX)

지시어	기능
A25NOVSELPDX-LAX-UA	LAX-PDX 구간을 UAFH 연결되는 SKD Display
A25NOVSEL-KE-LAX	SEL-LAX 구간을 KE로 연결되는 SKD Display
A25NOVSEPDX-KE-LAX-UA	SEL-LAX구간은 KE로, LAX-PDX구간은 UA로 연결되는 SKD Display
A25NOVSELLAX L/D (BKG CLS)	Forward Availability (해당 BKG CLS로의 예약기능일 조회)

(4) 간편한 지시어

<표 VI-15> 간편한 지시어(AVAILABILITY)

지시어	기능
A*	Display More
A*L	Add 1More Later Flight
A*E	Add 1More Earlier Flight
AO	Original Availability 바로 조회
AO@3	3일 후 동구간 Availability 바로 조회
AO10DEC	Availability 0900시 기준으로 조회
AR	Redisplay Availability
AOHKG	Original Availability의 목적지를 출발하고 HKG을 목적지로 하는 Availability 조회
AB	현재 Display 된 Availability 화면의 복편 Availability 조회
AB1800	복편 구간을 1800시 기준으로 조회
AB@3	3일 후의 복편 구간 Availability 바로 조회
AB10DEC	12월 10일의 복편 구간 Availability 바로 조회

사. SCHEDULE/TIME TABLE 조회

(1) SCHEDULE 조회

- 지시어

```
S10SEPSEL TYO
```

또는

```
S10SEP/SEOUL/TOKYO/
```

▪ 응답화면

```
S10SEPSEL TYO
10SEP  TUE  1200 SEL - TYO TOKYO.JP                          NTE
1 ICN NRT  1110 1335   JCZYBMHQVK          NW  008  747  0  502
2 ICN NRT  1120 1335  CIWYTHLSBXQVKMG     KE  703  744  0
3 ICN NRT  1130 1340  CWYBMG              NH6974    777  0  127
** OPERATED BY ASIANA AIRLINES
4 ICN NRT  1130 1340  CYVBTSWHGO          OZ  104  777  0  502
5 ICN NRT  1210 1430  FCDYBMHQVW          VA  826  744  0 502
6 ICN NRT  1335 1550  CYBHQMNK            JL   952  744  0 502
7 ICN NRT  1335 1550  FAJSYBHMNK          AA7228    744  0   Q
** OPERATED BY JAPAN A L
MOTE Q INTERNATIONAL ONLINE CONNECTING/STOPVER TRFC ONLY
```

10SEP TUE 1200: 지정 날짜 및 요리, Schedule Display 기준 시(12시)

SEL-TYO: 출/도착지 표시

NTE : Note

1 : 스케줄 번호

ICN NRT : 출/도착지(공항코드 기준)

1110 : 출발시각

1335 : 도착시각(도착지 현지 시각 기준)

JCZ···· : 해당항공사의 운영 Booking Class Code

NW008 : 항공사 코드 및 편수

747 : 기종코드

0 : 경유지 횟수

502 : Note 번호

▪ 지정일의 Schedule만 조회할 수 있으며 예약 가능 좌석수 조회는 할 수 없다.

(2) TIME TABLE 조회 (요일별 SKD)

a. 28일간(1개월)의 각 항공사 Time Table

▪ 지시어

```
ST10JULSELSFO
```

▪ 응답화면

```
ST10JULSELSF0
10JUL- 6AVG  MTWTFSS  SEL        SFO SAN  FRANCISCO.CAN. US
             1234567  1045ICN  1040SFO        UA 838      744 FCDYB  1
             .23.567  1640ICN  1110SFO        KE 023      744 FCY    0
             .23.567  1640ICN  1110SFO    DL/KE7117      EQV CDIYB   0
             1234...   1720ICN  1230SFO       SQ  016     343 FACJD  0
             ....567  1720ICN  1230SFO        SQ  016     343 CYMVB 0
             .2.4537  1930ICN  1420SFO        QZ  214     777 CYMVB 0
```

▪ 운힝 요일별로 Schcdule을 조회할 수 있다.

10JUL-6AUG : 적용기간(지정일+28일)

MTWTFSS : 요일 표시

SEL SFO····· : 출/도착지

1234567 : 해당 비행편 운항 요일

(1-월, 2-화, 3-수, 4-목, 5-금, 6-토, 7-일)

1045 : 출발시간

1040SFO : 도착시간 및 도착 공항 코드

UA838 : 운항 항공사 코드 및 편명

744 : 기종 코드

FCY : 운영 Class

1 : 경유지 횟수

DL/KE7117 : Code Share 항공편

(DL 7117편 항공권으로 KE항공기 이용)

a. 특정 항공사의 Time Table 조회시 이용

- 지시어

```
ST10JULSELSFO/SQ
```

- 응답화면

```
ST10JULSELSFO/SQ
10 JUL- 6AUG MTWTFSS SEL      SFO SAN   FRANCISCO. CAN. US
               1234....    1720ICN  1230SFO      SQ  016      343 FACJD  0
                ....567    1720ICN  1230SFO      SQ  016      343 FACJD  0
```

b. 1주일간의 각 항공사 Time Table

- 지시어

```
S10JULSELSFO/YY
```

- 응답화면

```
ST10JULSELSFO/YY
8 JUL-14AUG MTWTFSS  SEL      SFO SAN   FRANCISCO. CAN. US
              1234567    1045ICN  1040SFO       UA    838  744  FCDYB  1
              .23 .567   1640ICN  1110SFO       KE    023  744  FCY    0
              .23 .567   1640ICN  1110SFO       DL/KE7117 EQV CDIYB    0
              1234....   1720ICN  1230SFO       SQ    016  343  FACJD  0
               ....567   1720ICN  1230SFO       SQ    016  343  FACJD  0
             .2 .45 .7   1930ICN  1420SFO       OZ    214  777  CYMVB  0
```

- 8JUL - 14JUL : 적용기간(지정일이 속한 1주일)

c. Schedule, Abailability, Time Table 상호 변환

<표 VI-16> Schedule, Abailability, Time Table 상호 변환

지시어	기능
A	Availability 화면으로 바로 전환
ST	Time Table 화면으로 바로 전환
S	Schedule 화면으로 바로 전환

d. 간편한 지시어

<표 VI-17> 간편한 지시어(SCHEDULE/TIME TABLE)

지시어	기능
STO	Origianl Time Table
STR	Redisplay
STO@20	20일후의 Time Table
STO-28	28일 전의 Time Table
STO14JAN	날짜 지정
STOLAX	Original Time Table의 도착지에서 LAX까지의 Time Table
STB	복편의 Time Table
STB@4	4일 후 복편의 Time Table
STB-19	19일 전 복편의 Time Table
STB25JAN	날짜 지정 복편 Time Table

(3) 도시간 시차(TIME DIFFERENCE) 조회

- 지시어

```
TDSELLAX
```

- 응답화면

```
TDSELLAX
SEL  LOCAL  TIME  1402  16APR02  TUE  G* 9.00
LAX  LOCAL  TIME  2202  15APR02  MON G- 7.00
TIME DIFFERENCE : 16.00 HOURS
```

- 지시어

```
TDSEL1200LAX
```

- 응답화면

```
TDSEL1200LAX
SEL  LOCAL  TIME  1200  16APR02  TUE  G* 9.00
LAX  LOCAL  TIME  2000 15APR02  MON  G- 7.00
TIME DIFFERENCE : 16.00 HOURS
```

- SEL 현지 시간이 정오 12시인 경우, LAX 현지시간은 전일 20시이다.

(4) CALENDAR 조회

▪ 지시어

```
DAY2012.02
```

▪ 응답화면

```
DAY2012. 02
                    2012    FEB
SUN  MON  TUE  WED  THU  FRI  SAT
                 1    2    3    4
 5    6    7     8    9   10   11
12   13   14    15   16   17   18
19   20   21    22   23   24   25
26   27   28    29
```

2) 아바쿠스 예약실무

가. PNR작성을 위한 CHECK

(1) SIGN IN

▪ 지시어

```
S11234 "  ABACUS1
①②  ③     ④
```

① SING IN의 기본지시어

② ID 네자리

③ 연결기호

④ 사용자 Password

(2) 일반좌석상황(General Seat Availability) 조회

▪ 지시어

```
A 23SEP SEL SFO 또는 123SEPSELSFO
①  ②    ③   ④         ①
```

① 좌석상황 조회 기본 지시어 (1도 기능)

② 23SEP : 출발일 (DDMMM표기)

③ 출발지 (도시코드나 공항코드)

④ 목적지 (도시코드나 공항코드)

▪ 응답화면

```
  ⓐ       ⓑ          ⓒ              ⓓ
 23SEP    FRI      SEL/Z#9         SFO/PDT-16
1OZ       214   C4  D4  Z4  J4  Y4  B4*  ICNSFO   1630   1115   777  DS  0  DC   /E
ⓔ   ⓕ     ⓖ     M4  H4  E4  Q4  K4  S4   V4  L4
2UA/OZ   7979   J0  C4  Y4  B4  M4  U0*  ICNSFO   1630   1115   777  DS  0  DCA  /E
                H4  04  Y0  W0  S0  T0   L0  K0ⓘ  ⓙ      ⓚ      ⓛ    ⓜ   ⓝ  ⓞ    ⓟ
                        ⓗ
```

ⓐ 요청일(Date of Availability Requested)

ⓑ 요청일(Day fo the Week)

ⓒ 출발도시/GMT(Greenwich Mean Time-국제 표준시간)기준으로부터의 시간차이 즉, SEL이 GMT보다 9시간 빠르다는 뜻임

ⓓ 도착도시/출발도시로부터의 시간차이

즉, LAX는 태평양지역 표준시간을 사용하며 SEL보다 16시간이 느리다는 뜻임

<표 VI-18> 도착도시/출발도시로부터의 시간차이

구분	Standard Time	Daylight Saving Time (썸머타임 적용 시)
태평양지역 표준시간(Pacific)	PST	PDT
동부지역 표준시간(Eastem)	EST	EDT
중부지역 표준시간(Central)	CST	CDT
산간지역(중서부)표준시간(Mountain)	MST	MDT
하와이/알래스카지역 표준시간(Hawailian)	HST	HDT

ⓔ Availability상의 일련번호 (Line Number)

-일련번호 대신에 x표시 나타나는 경우는 최근에 운항이 취소된 Flight라는 뜻임

ⓕ 항공사 코드 : Marketing Carrier/ Operating Carrier (Codeshare Fight 임) / 뒤에 ** 표시로 나타나는 경우는 Operating Carrier Code가 알려져 있지 않음을 의미함

※CODESHARE FLIGHT

상대 항공사로부터 일정한 좌석을 할당 받아 자사의 항공편명으로 판매, 수익증대와 운항편 확대를 꾀하는 항공사의 일반적인 제휴형태이다. 실제 비행편을 운항하는 항공사 외에 다른 항공사가 개입되어 해당 항공편의 일부 좌석을 판매하는 형태로 보통 Availability상에 두 항공사가 함께 표기된다. 그러나, 판명을 읽거나 항공권에 표기 될 때는 두 항공사중 Marketing Carrier를 기준으로 삼는다.

ⓖ 비행편명 (Flight Number)

ⓗ 예약등급 (Booking Class) 및 가능 좌석 수 (Available Seats)

- 항공사에 따라 최소 0부터 최대 좌석수 9까지 표기함.

- 출발공항 앞의 *표시는 추가 Class가 있다는 표시로 조회 지시어는 1*C

ⓘ 출발공항 및 도착공항 코드 (City Pair)

- 출발공항이 공란으로 되어 있는 경우는 앞 구간과의 연결 편 (Connection Flight)을 뜻함

ⓙ 현지 출발시간 (Local Departure Time)

ⓚ 현지 도착시간 (Local Arrival Time)

- 도착시간 뒤에 #1이 붙는 경우는 현지 출발일로부터 하루 뒤에 도착함을 뜻함

ⓛ 비행기종 (Aircraft Type)

ⓜ 기내 식사 (Meal Served): 기내식 종류를 표시함

ⓝ 경유지 수 (Number of Stops)

- 0은 Non-Stop Fright라는 뜻이며, 만약 1 이라고 표시되어 있으면

중간 경유도시가 1군데 있다는 의미로 Direct Flight임을 나타낸다.

ⓞ 항공사 가입 등급 (Communication Link Codes)

<표 VI-19> 항공사 가입등급

등급 구분	설명
DCA	Direct Connect Availability Participant
DCS/DC	Direct Connect Sell
DA/TA	Direct Access Participant
AB	Answer Back
FA	Full Availability

ⓟ /E = 전자발권(Electronic Ticketing)이 가능한 Flight

(3) 선택(OPTION) 조회가능 지정 및 연속 조회 기능

<표 VI-20> 선택 조회가능 지정 및 연속 조회 기능

A10AUGSELHKG0900	출발시간대를 9AM으로 지정
A15JUNSELLAX/1900	도착시간대를 7PM으로 지정
A27NOVSELBOM0900HKG/SIN	HKG과 SIN을 모두 경유하여 BOM도착
A31DECSELNYC#OZSQ	항공사 복수(OZ or SQ) 지정
A20JUNSELSIN/D	직행 편(Direct Flight)만 조회
A*	다음화면(more availability)의 추가조회
A*C	미조회된 Booking Class의 추가 조회
A@TG	특정항공사(TG) 실제잔여좌석 조회
A-M	특정 좌석등급(M Class)지정
A-1	요청한 날짜의 전날
A#1	요청한 날짜의 다음날
A25OCT	요청일자 변경
A*1700	출발 시간대(5P) 변경
AORD	경유지 지정
AR	출발도착 도시를 반대로(Return)조회

상기의 모든 기본 지시어 "A"는 “1”로 병행하여 사용 가능

(4) 실제 좌석조회 시 추가화면 조회의 활용(PR인 경우)

▪ 지시어

```
A29DECSELMNL@PR
```

▪ 응답화면

```
A29DECSELMNL@PR
 29DEC          THU        SEL/Z#9          MNL/-1
PR RESPONSE          **   DIRECT    CONNECT   PARTICIPANT            **
 7PR     467     J7   C7   D7   I7   Z6  N7  Y7  S7    L7*  ICNMNL   0830    1130    330  0  /E
                 M7   H7   07   V7   B7
 8PR     469     J7   C7   D7   I7   Z6  N7  Y7  S7    L7*  ICNMNL   2040    2340    330  0  /E
                 M7   H7   07   V7   B7
 9JL     5222    J0   C0   D0                               ICNFUK   1310    1430    333  0  /E
10PR     425     J7   C7   D7   IQ   Z0  N7  Y7  S7    L7*    MNL            1830    320  0  /E
                 M7   H7   07   V7   B7
11KE     789     C0   S0   Y0                               ICNFUK   1310    1430    333  0  /E
12PR     425     J7   C7   07   IQ   Z0  N7  Y7  S7    L7*    MNL    1550    1830    320  0  /E
                 M7   H7   07   V7   B7
AND      TO      SEE  MORE
* -      FOR     ADDITIONAL     CLASSES     ENTER     1*C
[1*C]    하시면 더 많은 추가 CLASS를 확인 하실수 있습니다.
```

출발시간 앞에 #이 붙는 경우는 조회날짜 다음날의 Availability를 나타내고, -이 붙는 경우는 조회 일의 하루 전 날짜의 Availability를 나타낸다.

(5) 상세 비행정보 조회

▪ 지시어

```
VA* 8
 ① ②
```

① Availability에서의 비행정보 조회 지시어

② Line No.

▪ 응답코드

```
VA*8
20NOV    FLT    SEGMENT    DPTR   ARVL   MEALS      EQP     ELPD    MILES    SM
8    CX*  421    ICN  TPE    0915   1100   R          330Ⓔ   2.45Ⓕ  914Ⓖ    NⒽ
Ⓐ        Ⓑ                Ⓒ                ARR-TERMINAL 1
                 TPE  HKG    1200   1350   L     Ⓓ           1.50    510      N
DEP - TERMINAL  1                          ARR-TERMINAL 1
ONEWORLD ALLIANCE
```

Ⓐ Line Number

Ⓑ 편명

Ⓒ 출·도착지 및 시간

Ⓓ 도착 터미널

Ⓔ 비행기종 (Equipment)

Ⓕ 비행시간 (Elapsed Flight Time)

Ⓖ 비행거리 (Miles)

Ⓗ 금연석(Non-Smoking)

나. NAME FIELD

(1) 성명 작성시 주의사항

① 타인 또는 대리인의 성명을 잠정적으로 대신 입력하는 것은 불가

② Full Name을 기재하며 여권사의 Name Spelling을 기준으로 입력

③ 외국인/내국인에 상관없이 성(Last Name)을 먼저 기입함

④ 각 SEG별 요청 좌석수와 승객 성명수가 반드시 일치해야 함

⑤ 유아(Infant)의 성명은 첫 번째 승객으로 입력될 수 없음

⑥ 1개의 PNR에는 성인 99명, 유아 28명까지의 성명 입력이 가능

⑦ 성명 뒤에는 성별 또는 신분에 맞는 적절한 Title을 기입

(Title 미입력시 해당 이름 옆에 @표시가 생성된다. 이 경우 PNR 완성은 가능 하나 자동 발권은 불가능하다)

⑧ 유/소아 성명 입력시 나이도 함께 입력

<표 VI-21> TITLE의 종류

성별에 따른 TITLE		신분에 따른 TITLE	
MR	성인남자	PROF	Professor
MS	성인 여자(기/미혼)	CAPT	Captain(기장 또는 선장
MRS	성인 여자(기혼)	DR	Doctor(반드시 의사)
MISS	유/소아 여자	REV	Reverend(성직자)
MSTR	유/소아 남자	SIR, LROD, LADY	

b. 성인 및 유/소아 구분 기준(출발일 기준)

<표 VI-22> 성인, 소아, 유아 구분

유아(Infant)	만 14일 이상~만2세 미만(좌석 비점유)
소아(Child)	만 2세 이상~만 12세 미만
성인(Adult)	만 12세 이상

(2) 성명 입력

a. 기본형태(ADULT)

-KIM/HEESUNMS

성 이름 타이틀

b. 동일성을 가진 승객 성명 동시 입력

-2CHA/INPYOMR/SEUNGWON MR

동일성으로 연결된 승객이 2명

c 승객 2명 이상의 이름을 동시에 입력

-CHOI/SOOJONGMR#-HA/HEERAMS

2명 이상의 이름을 연결시 사용, ‘ㅣ'부호 대신 ’#‘을 사용해도 된다.

d. 소아(어린이)성명 입력

```
-HONG/DOMINMSTR*C10
```

소아나이

e. 유아(아기)성명 입력

```
-HONG/DOMINMMISS*I20
```

Infant (개월수)

(3) 성명의 삭제 및 수정

PNR 작성 중 성명이 잘못 입력된 경우는 변경이 가능하다. 그러나 일단 PNR이 완성(End of Transaction)된 후에는 성명의 변경이 불가능하므로 최초 PNR 작성시 정확한 철자와 타이틀을 기입하도록 주의한다.

a. 삭제 지시어

- 1번 SON/CHANGMIN 승객 삭제

```
-1@
```

- : 이름 기본 부호
1 : 지우고자 하는 승객의 번호
@ : 삭제 부호

- 3번 승객과 1번 승객 동시 삭제

```
-3 @ |-1@
```

두 개의 성명을 | (And the Item)을 사용하여 지우는 경우 앞에서부터 지우면, 뒤의 성명이 지워진 앞의 성명으로 올라가므로 혼돈을 일으킨다. 그러므로 뒷 번호부터 지우는 것이 바람직하다.

b. 수정 지시어

▪ 2번 승객 LEE/SEUNGYEON 대신 KIM/EUNJUNG 승객 입력

```
-2@KIM/EUNJUNGMS
```

c. 삽입 지시어

```
-/1LEE/HYEYOUNGMS
```

- : 이름 입력 기본 부호

/ : 삽입기능

1 : 승객 번호 (1번 승객 다음에 삽입함)

▪ '/'는 여러 경우에 삽입(Insert)의 기능을 수행한다. 여정 작성에도 2/는 SEG2번 다음에 삽입을 의미하며 성명 작성에도 -/1은 1번 승객 뒤에 삽입함을 의미한다.

<예약 코드 추가 자료>

좌석을 예약하기 위해서는 System에 유지되고 있는 좌석을 일련의 code를 통해 요청하고 그에 대한 응답을 받아 유지하는 형태로 이루어진다.

(1) 요청코드(Action Code) : 여행사→항공사

<표 VI-23> 요청코드(Action Code)

코드	설명
NN	Requesting Segment Need의 의미로써 좌석 및 부대 서비스를 요청할 때 사용하는 가장 기본적인 요청 코드이다.
LL	Waiting List Segment, 대기자로 예약하고자 할 경우에 사용하는 코드로써 좌석이 있을 경우 판매가 이루어진다.
DS	Desired Segment 아직 일정이 확정되지 않은 여정을 Open으로 작성할 때 사용하며, 항공사로는 전송 되지 않는다.
GK	Guaranteed Booking Code 항공사로 직접 HK 예약된 여정을 발권을 위한 목적으로 작성하고자 할 때 사용하며 항공사로는 전송되지 않는다.
IK	Infant No Seat status 발권 목적으로 유아만의 PNR을 작성하고자 할 때 사용하며, 항공사로는 전송되지 않는다.
GL	항공사로 직접 대기자(Waitlist) 예약된 여정을 발권을 위한 목적으로 작성하고자 할 때 사용하며, 항공사로는 전송되지 않는다.
HS	Have Sold, 좌석을 판매한 상태
SS	Last Seat Availability를 조회 할 수 있는 항공사의 좌석 요청시 사용 좌석이 확보되었음을 의미
KK	해당 항공사로는 취소 전문을 전송하지 않고 ABACUS PNR상에서만 해당 여정을 삭제하고자 할 때 사용한다.

(2) 응답코드(Advice Code) : 항공사→여행사

<표 Ⅵ-24> 응답코드(Advice Code)

KK	Camer Confirming Request 요청된 좌석에 대해서 판매가 허용되었음을 알려주고자 할 때 나타난다.
KL	Confirmed from Waitlist 대기로 요청된 좌석에 대해서 판매가 허용되었음을 알려주고자 할 때 나타난다.
UU, US	Unable - have Waitlisted NN으로 요청된 좌석에 대하여 대기로 예약되었음을 알려주고자 할 때 나타난다.
UC	Unable to Confirm or Waitlist 요청된 좌석에 대하여 판매는 물론 대기자 예약도 허용이 안됨을 알려주고자 할 때 나타난다.
UN	Unable, Flight Not Operalting 요청된 항공편이 운항하지 않음을 알려주고자 할 때 나타난다.
NO	No Action Taken 여정을 취소하고 다시 요청하라는 의미로써, 요청사항이 잘못되었거나 요청한 좌석에 대해서 필요한 조치를 하지 않았음을 알려주고자 할 때 나타난다.
PN	Pending Need 좌석은 이미 요청되어 있는 상태이나 아직 응답을 받지 못해 응답을 기다리고 있는 상태
TL	Schedule Change for Waitlisted segment 항공사 스케쥴이 변경되었으며, 변경된 시간으로 대기자 예약되었음을 나타내는 코드
TK, SC	Schedule Change for Confirmed segment 항공사 스케쥴이 변경되었으며, 변경된 시간으로 좌석이 확약되었음을 나타내는 코드
DL	Deleted from Confirming Listl KL 상태에서 대기자로 되돌려진 상태
HX	Was Holding / Now Cancelled 항공사에 의해서 여정이 취소되었음을 알려주고자 할 때 나타난다. 주로 TL경과, ARR INFO 부재, Name CHG 등 규정을 벗어나 예약된 여정을 항공사에서 정리한 상태

(3) 상태코드(Status Code)

<표 Ⅵ-25> 상태코드(Status Code)

HK	Holds Confirmed 좌석이 확약되어 있는 상태
HL	Have Waitlisted 대기자 명단에 올려 있는 상태
RR	Reconfirmed HK 여정에 대해 재 확인 할 때 사용한다.

(4) 예약코드의 흐름

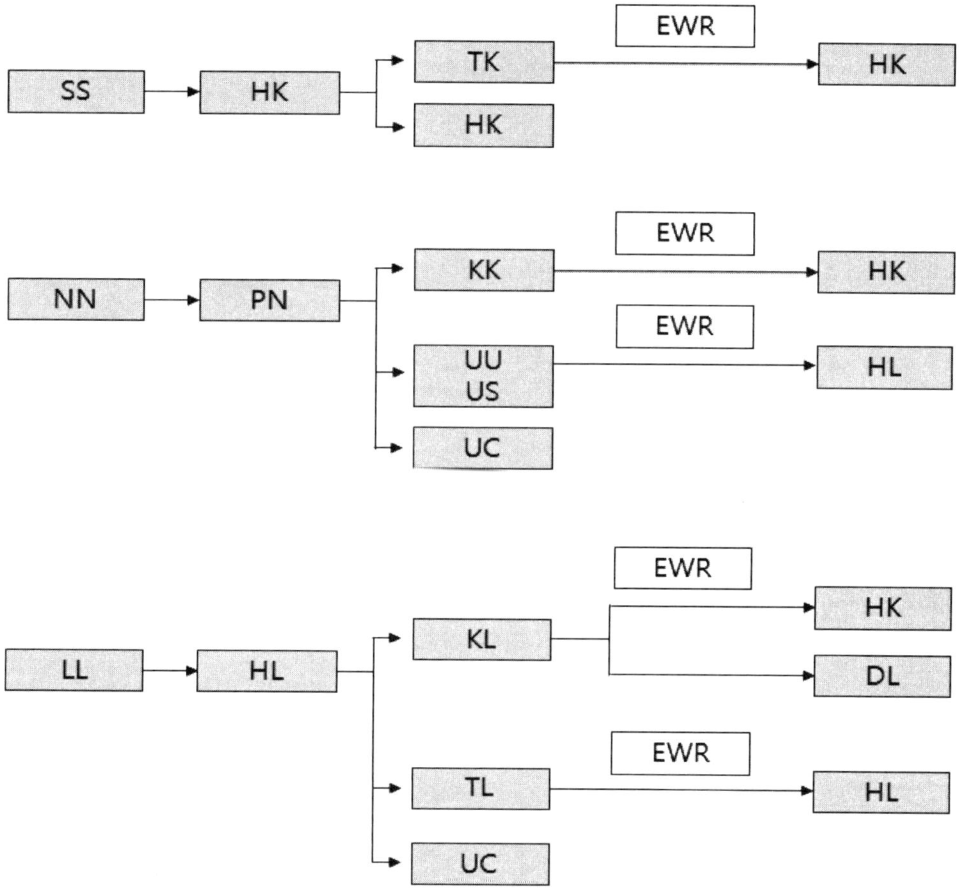

<그림 VI-1> 예약코드의 흐름

(5) 예약 코드의 정리

<표 VI-26> 예약코드의 정리

EWR	응답코드 KK, KT, TK를 HK로 UU, US, TL을 HL 등의 상태코드로 자동 변경함과 동시에 PNR을 재 조회하는 지시어

(부록)여행항공용어정리

A

A/D(Agent Discount)

여행사 관할 항공사 지점에 여행사가 대리점 계약을 맺었을 경우, 항공사에서 계약을 체결한 여행사 대리점 할인을 말한다.

ABTA(Association of British Travel Agents)

영국 여행업자 협회를 말한다.

Admission Fee

여행객이 지불하는 여행지의 입장료를 말한다.

Adult Farc

성인운임으로 만 12세 이상 여행자에게 적용되는 국제선 항공 운임(국내선 항공 운임은 만 13세 이상 적용됨)을 말한다.

Affinity Group

유연 단체, 항공운전상의 용어로, 사교단체, 종교단체, 업종단체, 동호회 등과 같이 그 단체의 목적이 여행을 하는 것 이외의 목적인 단체를 말한다(특별운임의 적용, Charter의 허가 가능)

Agency

일반적으로는 대리인을 두고 말하나 여행업계에서는 IATA에 가입한 대리점을 말한다.

Agency Commission

여행사와 공급업자(항공사, 호텔 등) 간에 판매대리점 체결 후 판매로 인한 공급어자가 여행사에게 주는 소정의 수수료를 말한다.

APIS(Advance Passenger Information System)

출발지 공항 항공사에서 예약·발권 또는 탑승 수속시 승객에 대한 필요 정보를 수집, 미법무부/세관 당국에 통보하여 미국 도착 탑승객에 대한 사전 검사를 가능케 함으로써 입국심사 소요시간을 단축시키는 미 사전 입국심사 제도를 말한다.

ASP(Advance Seating Product)

항공편 예약시 미리 배정해 주는 사전 좌석 배정제도를 말한다(세계 전 구간 F/C Class의 경우 비행기 탑승 24시간 전이며, 미주와 구주 구간의 Y Class는 48시간 이전에 가능하다)

ASTA(American Society Of Travel Agents)

미국의 여행 소매업자 협회를 말한다.

ATB(Automated Ticket and Boarding Pass)

여행자가 구입하는 탑승권 겸용 항공권을 말한다.

ATR(Air Ticket Request Agent)

여객 대리점 중 담보 능력의 부족으로 항공권 자체적으로 보유하지 못하고 승객으로부터 요청받은 항공권을 해당 항공사 발권 카운터에서 구입하는 여행사 대리점을 말한다.

B

Baby Bassinet

항공기 객실 앞에 설치하여 사용하는 기내용의 유요람을 말한다.

Baggage Claim Tag

여행자가 화물을 부치고 나서 항공사측으로부터 받게 되는 위탁 수하물

표를 말한다.

BCA(Baggage Claim Area)

Baggage Claim Tag을 소지하고 목적지에 도착한 승객이 자신의 수화물을 회수하거나 사고 수화물에 대한 Claim을 제기하는 장소로 수화물 인도장을 말한다.

Block

항공기의 좌석, 여행사의 여행상품 등을 상황에 따라 묶어서 예약하는 것을 Block 예약이라고 말한다.

Blocked-Off Charter Flight

정기편의 항공기를 전세 내는것을 말한다.

Boarding Pass

탑승권이라고 말하며, 공항에서 탑승 수속시 항공권과 교환하여 여행자에게 주는 탑승표로서 비행기편 명, 여행자 성명, 좌석 번호, 목적지, 탑승시간, 탑승게이트 등이 적혀져 있다.

Booking(=Reservation)

항공사나 여행사에서 항공 좌석의 예약 등을 말한다.

BSP(Bank Settlement Plan)

다수의 항공사와 다수의 여행사 간에 발행되는 항공권 판매에 관한 제반업무(항공권 불출, 판매대금 정산, 매표보고 등)를 간소화하기 위하여 항공사와 여행사 사이에 은행을 개입시켜 해당 은행이 관련 업무를 대행하는 은행 집중 결재 방식의 제도를 말한다.(우리나라는 1990년 4월 2일부터 동 제도를 도입하였으며 IATA 한국지부의 BSP-KOREA 사무국에 의해 운영되고 있으며, BSP BANK는 한국 외환은행이다.)

C

Check In

탑승수속이라고 말하며, 여행자가 공항의 항공회사 카운터에서 항공권, 여권, 비자 및 위탁 수화물에 대한 수속을 하고 좌석 번호를 지정하고 탑승권을 받기까지의 수속과정을 말한다.

Child Fare

유아운임으로 만 2세 이상 만 12세 미만의 여행자에게 적용되는 항공운임(국내선 항공운임은 만 2세 이상 만 13세 미만)을 말한다.

CIQ(Customs Immigration Quarantine)

해외 출·입국시 승객 및 수화물에 대한 정부기관의 확인, 관리 절차로 세관(Customs), 법무부(Immigration), 검역(Quarantine)의 첫 글자로 세관, 출입국 관리, 검역을 말한다.

Class

항공 좌석의 등급을 말한다.

Code Share

비행기 한 대를 가지고 두 항공사가 좌석을 공유 판매하는 것을 말한다.

Complimentary Service

항공사에 통과 여객에 대하여 지상에서 머무르는 시간 동안에 제공되는 우대서비스를 말한다.

Confirm

항공편에 예약되어 있는 여행자에 대하여 그 예약을 사용할 의사의 유무를 확인하는 절차로 No Show를 최대한 방지하기 위한 작업을 말한다.

Conjunction Ticket

한 권의 항공권의 기입 가능한 구간은 4개 구간이므로, 그 이상의 구간을 여행 할 때에는 한 권 이상의 항공권으로 분할하여 기입한다. 이들은 일련의 항공권을 말하며 각각의 항공권 상에 다른 항공사의 항공권 번호를 기입하는 것을 말한다.

Connection Time Interval

여객의 여정에 연결편이 있을 때 연결 지점에 도착하여 다음 목적지까지 가기 위한 연결 항공편을 갈아타는데 필요한 시간을 말한다.

CRS(Computerized Reservation System)

항공사가 사용하는 예약전산 시스템으로 단순 예약 기록의 수록, 관리뿐만 아니라 각종 여행 정보의 Date를 수록하여 정확하고 광범위한 대 고객서비스를 가능케 해주며 항공사 수입을 극대화 시킬 수 있는 컴퓨터 예약시스템을 말한다.

D

Delay

항공기의 지연을 말한다.

Delivery

배달(한다), 여행업계에서는 1. 여행자를 어느 지점부터 어느 지점에 이송하는것, 2. 여행자에게 표나 서류를 배달하는 것에 쓰이고 있다.

Deposit
여행사가 항공사에 좌석의 확보를 위해 미리 예치하는 예치금을 말한다.

DFS(Duty Free Shop)
세금이 포함되지 않은 물건을 파는 면세점을 말한다.
Domestic Tour
여행자의 국내 여행을 말한다.

Double Booking
항공좌석이나 여행 상품의 중복 예약을 말한다.

Down Grade
등급의 변경, 보통 항공사에서 좌석의 상위 등급에서 하위 등급으로 변경하는 것을 말한다.

DRS(Daily Sales Report)
여행사에서 항공권 판매에 관한 일일판매 보고서를 말한다.

E

E/D(Embarkation / Disembarkation) Card
여행자가 출입국시 기록하는 출입국 기록 카드를 말한다.

EATA(East Asia Travel Association)
동남아시아의 관광 진흥을 목적으로 하여 설치된 공공·공동 관광선전기관으로 동아시아 지역 8개국의 관광기관이 협력제휴하고 공동 선전을 행하기 위한 기관으로서 1966년에 발족 하였다. 회원은 대만, 홍콩, 한국, 마카오, 필리핀, 태국, 싱가포르, 일본이며 사무국은 동경에 있다.

Economy Class

항공 및 배의 등급의 하나로 항공운임에는 1956년 4월에 도입 되어 보통운임중의 1종류로 First Class 보다 한 등급 낮다. “Y" 라고 약어로 사용한다.

ENDS(Endorsement)

항공회사 간의 항공권의 권리를 양도하기 위한 이서 또는 배서를 말한다. 즉 항공권에 지정된 항공사가 아니더라도 타 항공사로 여행이 가능한 행위를 말하며, 할인 항공권의 경우는 Endorsement가 금지되지만 항공사 측에서 Over-Booking 등으로 Deny Boarding이 이루어진 경우는 타 항공사로 양도를 해주며 일부 항공사의 경우는 Endorse 발생시 손님에게 Penalty Charge를 드리기도 한다.

Escorted Tour

단체를 따라가서 시중드는 인솔자가 있는 여행을 말한다.

ETA(Estimated Time Of Arrival)

비행기의 예정 도착 시간을 말한다.

ETD(Estimated Time Of Departure)

비행기의 예정 출발 시간을 말한다.

Excess Baggage

무료 수화물 허용량을 초과한 수화물로서 항공 운임에 추가 지불하여야 한다.

Executive Class

항공사의 F/C와 F/Y 중간에 존재하는 Class로써, 설치한 이유는 1.

Full Pay Passenger를 Service 향상으로 보호하며, 2. Frequent Traveller를 적극 유치하며, 3. 항공사 VIP Member에 대한 Service확대 등의 목적이다.

Expired Ticket
국제 항공권의 유효기간은 발행일로부터 1년 또는 여행을 개시한 한 후 1년으로서 이 유효기간을 넘는 항공권을 말한다.

Extension Visa
여행자의 비자 연장을 말한다.

Extra Flight
비행기의 임시 항공편을 말한다.

Extra Section Flight
항공사에서 정기편 이외의 부정기편을 말한다.

Familiarization Tour(=Family Tour=Fam Tour)
관광기관, 관광단체, 항공회사, whole sale 등이 여행업자 등을 초대해서 신규노선 관광 루터나 관광지, 관광시설, 관광대상 등을 무료로 시찰·견학시키는 여행이다.

Family Name(=Surname)
성을 말한다.

Fare
항공사 제안에 의해 IATA의 심의를 거쳐 해당 정부의 승인을 거친후 IATA에서 공시하는 구간 운임을 말한다.

FBA(Free Baggage Allowance)
무료 수화물 허용량. 일반적으로 F/C의 요금 지불 여행자는 30kg, E/Y의 요금 지불 여행자는 20kg, 미주, 캐나다는 2개의 짐을 무료로 운송할 수 있다.

First Class(F)
일등석을 말한다.

First Name(=Give Name)
이름을 말한다.

FIT(Foreign Independent Tour)
여행사의 여행상품 이용시 인솔자가 동행하지 않는 개별 여행자를 말한다.

Follow up
여행사에서 여권, 비자 등의 수속 업무에 대해서 계속해서 업무가 추진되어지는 상황을 말할 때 쓰인다.

Forward Seat
항공기 내에서의 앞쪽의 좌석을 말한다.

Fragile
공항에서 수화물 탁송시 깨지기 쉬운 수화물에 붙이는 꼬리표를 말한다.

Free Of Charge(FOC) Ticket
항공사에서 제공 되어지는 무료 항공권을 말한다.

G

Gate

승객이 비행기를 타기 위한 탑승구를 말한다.

GMT(Greenwich Mean Time)

영국 런던 교외 그린위치를 통과하는 자오선을 기준으로 한 그린 위치 표준시를 0시로 하여 각 지역 표준시와의 차를 시차라고 한다. 지구는 각각 동서로 경도로 180도씩 있어 15도 마다 1시간의 시차를 갖게 된다. 한국은 동경 135를 표준시로 정하여 GMT+9 결국 9시간 GMT 보다 빠르다.

Go Show Passenger(=Stand By)

만석 혹은 요금상의 제한 등에 의하여 예약할 수 없는 여행자가 만약 좌석이 생기면 탑승하려고 공항 탑승수속 카운터에 대기 하여 좌석 상황에 따라 좌석을 배정받게 되는 잠재적인 유상 승객을 말한다.

Group Fare

항공사에서 항공요금을 정할 때 단체 요금을 말한다.

Group Leader(Conductor, escort)

단체 인솔자를 말한다.

Group Organizer

Group이 형성되어졌을 때 그 Group의 단체 모집자를 말한다.

GSA(General Sales Agent)

해외에서 자사의 판매 활동이 충분하지 않을 경우 다른 항공사 혹은 대리점을 지정하여 대리점에 대한 지도 및 홍보선전 활동, 정부와의 교섭

창구를 위임한 총판매 대리점을 말한다.

GTR(Government Transportation Request)

공무로 해외여행을 하는 공무원 및 이에 준하는 사람들에 대한 운임 할인 및 우대서비스로 공무항공 여행의뢰라고 한다.

GV(Group Inclusive)

항공요금을 적용하는 용어이다. 예를 들어 GV4면 4명부터 GV1이면 한 명이라도 그룹가격으로 적용하겠다는 의미이다.

H

Hand Carry Baggage

기내에 가지고 들어갈 수 있는 휴대 수하물을 말한다.

High Season

여행사나 항공사에서 성수기를 말한다.

I

IATA(International Air Transport Association)

세계 각국 민간 항공회사의 단체로 1945년 4월에 아바나에서 결성되었다. 매년 1회 총회가 개최되며 대한항공은 1989년 정회원으로 가입하였으며, 아시아나는 아직 정회원으로 가입하지 않고 있다.

ICAO(International Civil Aviation Organization)

국제 민간 항공 협정에 의하여 1947년에 성립한 국제 민간 항공 기구임. 국제 민간 항공의 발전을 도모하고 그의 안전과 질서 있는 성장을 보장한다. 본부의 소재지는 캐나다의 몬트리올 가맹국은 141개국이며 한국은 1952년 12월 11일 가입하였다.

ICT(Inclusive Conducted Tour)
여행상품에 여행사의 인솔자가 따라가는 포괄여행을 말한다.

ICTA(Institute of Certified Travel Agents)
공인 여행업자 협회를 말한다. 여행업자의 전문적 직업으로서의 중요성을 강조하고 그 지위를 높이기 위해 미국 미시간 주립 대학에 설립되었다.

Independent Charter Flight
정기편 외의 항공기를 전세 내는 경우를 말한다.

Individual Tour
여행사에서 개인 여행자를 말한다.

Infant Fare
유아 운임으로 만 2세 미만의 국내선, 국제선 항공운임을 말한다.

L

Land Operator
여행의 지상수배를 전문으로 하는 자를 말한다.

Load Factor
항공 운송에 있어서 각 비행구간(LEG)의 공급량에 대한 수송량의 점유율을 말한다. (Seat Load Factor=(유상승객 수+무상 승객 수) / 유효좌석수 × 100)

Local Time
지방시간으로 표준시에 대한 말이다

Lost & Found Office
공항에서의 승객의 화물 유실물 취급소를 말한다.

Lounge
국내도 외국도 아닌 비행기를 타기 직전에 대기하는 장소를 말한다.

Local Guide
여행자가 현지에 도착하면 그 지역의 일정에 대해서 안내하는 자를 말한다.

M

Meeting Service
공항에서 손님의 출·입국 서비스를 말한다.

Money Exchange
여행 경비의 환전을 말한다.

Multiple Visa
복수용 사증으로 그 나라에 일정기간 내라면 몇 번이라도 입·출국할 수 있는 사증을 말한다.

N

No Show
Mis-connection 이외의 이유로서 여객이 예약의 확약된 좌석을 취소를 하지 않고 확약된 편에 탑승하지 않는 것을 말한다.

Non Revenue Passenger

무임 탑승 여행자를 말한다. 특별히 무료로 여행할 수 있도록 계약된 사람들로서 대부분 항공사 직원들이 많이 이용한다. 이는 Space가 있을 때 Check-In 할 수 있는 Sub Basis와 Confirmed Basis로서 예약이 확인되면 Check-In이 가능한 No Sub가 있다.

Non Stop Flight

목적지까지 중간 경유지 없이 비행하는 것을 말한다.

Non-Scheduled Services

부정기적으로 운항되는 유상비행으로 부정기 운송이라고 말한다.

Non-Smoking Seat

기내에서의 금연석을 말한다.

Normal Fare

FATA에서 지정한 공시운임을 말한다.

NRC(No-Record)

승객이 예약이 확약된 Ticket을 제시하였으나 항공사측에서 예약을 받은 기록이나 확약된 예약 기록이 없는 상태를 말한다.

O

OAG(Official Airline Guide)

전 세계의 국내, 국제선 시간표를 중심으로 운임, 통화, 환산표 등 여행에 필요한 자료가 수록된 간행물로 항공 안내서라 말한다.

Off Season

여행사나 항공사에서의 비수기를 말한다.

Open Ticket
예약이 되어 있지 않는 항공권을 말한다.

Optional Tour
여행의 여정이 미리 정해져 있지 않고 여행자가 현지에서 자유롭게 선택할 수 있는 여행을 말한다.

ORGN(Origin)
항공권 상에 표시된 전체 여정의 최초 출발지를 말한다.

Outbound
외국으로 나가는 경우의 해외여행 및 그에 관계하는 업무를 말한다.

Over Booking
항공 좌석 수 이상으로 예약을 받는 것으로 취소와 No show는 통계적으로 매일의 평균율이 계산되고 있다, 가령 그 비율이 10%라고 하면 예약을 100%로 멈추고 있어서는 그날의 항공탑승률은 90%밖에 안되는 것이 된다. Occupancy를 100%로 하기 위해서는 미리 평균 취소율이 경우에 있어서의 10%를 넘어 보고 예약을 항공기 좌석수 이상으로 받지 않으면 안된다. 이 조작을 말한다.

Over Collection
부당한 사유에 의해서 부과하는 과징금을 말한다.

Over-Weight Baggage
항공사에서 초과화물을 말한다.

P

Package Tour

항공 운임에 호텔요금, 관광요금, 식사요금 등의 비용을 포함 한 Tour를 말한다. 포괄 여행(inclusive tour)과 거의 같다.

Passenger Coupon

항공권의 마지막 Page의 장으로 손님의 보관용을 말한다.

Passport

외국으로 여행하는 자국인 또는 자국에 있는 외국인에게 신변 보호를 위하여 정부가 발행해 주는 국외 여행용 신 증명서를 말한다. 여권의 종류에는 외교관 여권(Diplomatic Passport), 관용 여권(Official Passport), 일반 여권(Ordinary Passport), 임시여권(Travel Certificate: 여행증명서)이 있다.

PATA(Pacific Area Travel Association)

태평양 지역의 여행 촉진을 위하여 항공회사, 교통기관, 호텔, 관광업자, 대리점 등에 의하여 설립된 협회를 말한다.

PAX/PSGR(Passenger)

여행객의 인원수를 말할 때 사용된다.

Pick Up Service

여행업자가 공항으로 여행자를 마중 나가는 것을 말한다.

PNR(Passenger Name Record)

승객의 예약상황 및 진행상황이 기록되는 것. 일종의 항공예약 상황 시작부터 종료까지의 History의 기록상황이며, PNR Address는 알파벳과 아라비아 숫자로 구성되어져 있다.

Point of Interest

여행의 볼만한 곳을 말한다.

Post-Convention Tour

회의 후의 여행을 말하며 회의 참가자를 위해서 계획되고 조직된 여행이다.

Porter

영국에서는(역 등에서) 짐을 날라주는 인부, 짐꾼을 말하며, 미국에서는 (침대차나 식당차의) 급사를 말한다. 또한 공항오세는 여행객의 수화물을 날라주는 자를 말한다.

Porter-Age

Porter에 대한 여행자의 팁을 말한다.

Principal

여행업계에서 대리자로서의 여행업자에 대한 본인의 뜻으로 항공회사, 선박회사, 철도, 버스회사, 호텔 식당 관광지 등을 가리킨다.

Promotional Fare

항공사에서 판매촉진을 위한 할인 요금을 말한다.

PVS(Passport: 여권, Visa: 사증, Shot: 주사)

해외 출·입국 서류를 말한다.

Q

Quotation Sheet

여행사에서 여행 경비의 견적서를 말한다.

Quarantine Office

동, 식물을 검사하는 검역소를 말한다.

R

Registration Form

여행사 직원이 손님을 인솔하여 타 지역에 갔을 때 호텔의 Check-In시 기입하는 양식을 말한다.

Reissue

항공권의 재발행, 이미 발행된 항공권의 여정 변경, 항공사 변경, 좌석 변경 등의 사유로 차액을 징수 혹은 지불하여 재발권 해주는 행위를 말한다.

Release

예약상황을 다른 곳으로 넘겨줄 때를 말한다.

Replacement(=Lost Replacement)

승객이 항공권을 분실하였을 경우 항공권 관련사항(발행처, 발행일, 출발날짜 및 편명, 본인의 인적사항)을 접수 후 항공사 해당점소에서 신고사항을 근거로 발행점소에 확인 후 항공권을 재발행해 주는 것을 말한다.

Rerouting

본래의 운송장에 기록된, 여정, 운임, 항공사, 기종, Class, 비행편, 유효기간 등을 바꾸는 여정변경이라고 말한다.

Reservation Sticker

예약 변경시 새 예약을 기입하여 항공권의 탑승용 편에 첨부 하는 것을 말한다.

Retail Travel Agent

소매 여행업자로 wholesaler가 만든 여행 상품을 일반객에게 판매하는 것을 주된 영업 내용으로 하고 있는 여행업자를 말한다.

Retailer

여행자에게 상품을 직접 판매하는 소매 여행업자를 말한다.

RFND(Refund)

미 사용된 항공권(전부 또는 일부)이나 항공권에 표시된 서비스를 제공받지 못한 부분에 대하여 승객에게 환불해 주는 것을 말한다.

Rooming List

손님들이 해외 여행시 현지에서의 방 배정표를 말한다.

RT(Round Trip)

전 여정을 계속 항공편으로 이용하여 최초 출발지로 다시 돌아오는 여정 중 운임마디가 2개이고 OUT-BOUND/IN-BOUND 여정에 동일한 운임이 적용되는 여정을 왕복여정이라고 말한다.

RTRN(Return)

비행중인 항공기가 기상이나 항공기 사정에 의해 출발지 공항으로 회항하는 것을 말한다.

S

Schedule

항공사에서는 표, 시간표, 예정표 등으로 쓰이며, 여행업계에서는 일정표를 두고 말한다.

Seat is Closed

항공기의 좌석이 매진된 경우를 말한다.

Seat is Opened

항공사에서 판매할 좌석이 있는 경우를 말한다.

Sending

여행업자가 여행자의 출발을 위해서 공항 등으로 전송가는 것을 말한다.

Shore Excursion

선박의 승객, 승무원이 타고 있는 배가 항구에 정박하고 있는 동안에 상륙해서 관광하는 것을 말한다. 일반적으로 사증 없이도 선장이 일괄해서 교부 신청하는 Shore Pass(기항지 상륙 허가서)로 상륙할 수 있다. 일정 시간 이내의 상륙이 인정되고 있으나 행동 범위에 대해서 제한이 있는 것이 통례로 되어 있다.

SIT(Special Interest Travel)

단순한 관광, 여행에 그치지 않고 손님의 관심을 끌만한 특별한 주제를 가지고서 기획·운영되는 상품을 말한다.

SOM(Start Of Message)

CRT상의 지시어(Entry Format)의 시작위치의 명시를 말한다.

Special Fare
항공사에서 제공하는 특별 운임을 말한다.

Stand By
Go Show라고도 하는데 예약 없이 지정된 Check-In Counter에서 좌석 상황에 따라 여분의 좌석이 발생했을 때 좌석을 배정받게 되는 상황을 말한다.

STD(Scheduled Time of Aircraft Departure)
공시된 Timetable상의 항공기 출발 예정 시각을 말한다.

Stopover
여객이 적정 운임을 지불하여 출발지와 종착지 간의 중간 지점에서 24시간 이상 도중 체류함을 말한다.

Surface
여정 중 항공으로 연결되지 않는 구간, 예를 들어 여정이 서울에서 동경을 가서 동경에서 오사카는 기차를 이용하고 오사카에서 서울로 돌아오는 경우 표시는 SEL-TYO-X-OSA-SEL로 하고 동경과 오사카 구간을 말한다.

T

T/C(Travellers Check)
여행자 수표, 외국여행을 하는 자에게 은행이 발행하는 수표로 american express 등 유명한 은행의 수표는 호텔, 레스토랑, 토산품점 등에서 사용할 수 있으므로 거액의 현금을 가지고 다니다가 도난을 만나는 등의 사고를 방지하는 뜻으로 널리 사용되고 있다. 곧 재발행해 주는 이점이 있다.

Tag

수화물에 매다는 꼬리표로서 Claim Tag, Baggage Tag 등 여러 가지로 사용된다.

Tariff

항공사에서 각종의 운임, 요금, 관세 등을 말한다.

Technical Visit

여행 이외의 목적, 즉 시찰을 목적으로 하여 상대방을 방문하는 것을 말한다.

Through Check In

단일 항공편으로 여정이 끝나지 않고 접속 항공편을 가지고 있는 여행자의 경우 최종 목적지까지 수속하는 것을 말한다.

Tour Operator

여행사에서 수배(여행화 작업)를 전문적으로 행하는 자를 말한다.

Transfer

최종목적지까지 가기 위해서 중간 기착지에서 비행기를 갈아타는 것을 말한다.

Time Difference

국가와 국가사이 지역과 지역 간의 시차를 말한다.

TKT(Passenger Ticket & Baggage Check)

운송증표류는 여행자 및 항공사간에 성립된 계약 내용을 표시하고 항공사의 운송 약관 및 기타 약정에 의하여 여객 운송이 이루어짐을 표시하는 증서로 발행된 각각의 구간에 관련하여 승객의 운송 및 해당 승객의 위탁 수화물의 수송에 대한 증표를 말한다.

Tour Conductor

여행에 동행해서 현지의 여행에 있어서 투어 운영에 있어서 필요한 일체의 업무를 수행하는 자를 말한다.

Tour Guide

여행객을 안내하는 현지 안내원을 말한다.

Through Guide

여행자가 현지에 도착하면 처음부터 여행이 끝날 때 까지 전 지역을 동행하면서 안내하는 자를 말한다.

TWOV(Transit Without Visa)

무사증 통과로 항공기를 갈아타거나, 또는 여행자가 규정된 조건 하에서 입국사증 없이 어느 나라에 입국하여 짧은 기간동안 체류를 할 수 있는 것을 말한다.

TTL(Ticketing Time Limit)

예약 후, 출발 전 일정시점까지 항공권을 구입하지 않았을 때에는 예약이 자동 취소된다. 이러한 항공권 구매 제한시간을 말한다.

U

UM(Unaccompanied Minor)

최초 여행일 기준 만 3개월 이상 만 12세 미만의 유아나 소아가 성인의 동반 없이 혼자 여행하는 승객을 말한다.

USTS(United States Travel Service)
미국 상무성 관광국을 말한다.

V

Valid Passport
유효한 여권을 말한다.

Validation
항공권에 찍는 Stamp로 발행 항공사명, 여행사명, 발행연월일 등이 자인되어 있고 여객 항공권이 운송인에 의하여 공식 발행되었음을 표시하는 항공권상의 유효 날인을 말한다.

VAT(Value Added Tax)
여행사나 항공사에서 판매한 상품에 대해서 부과되어지는 세금, 즉 부가가치세를 말한다.

VISA
여행자를 받아들이는 나라가 여행자에게 주는 입국사증을 말한다.

Voucher
여행자가 여행지에서 식사나 관광 입장료, 숙박 등의 서비스를 받기 위하여 사전에 이들의 경비를 지불하고 그 대신에 여행업자가 발행하는 증표를 말한다.

VWPP(Visa Waiver Pilot Program)
미국 Immigration 규정에 의거, 당 협정을 맺은 국가의 국민이 협정 가입 항공사를 이용하여 미국 입국 시 미국 비자 없이도 입국이 가능토록 한 일종의 단기 비자 면제 협정을 말한다.

W

Waiting List

판매가능 좌석이 모두 예약완료 되었을 때 예약 취소를 기다렸다가 탑승하는 것을 Waiting이라 하며 이 좌석을 기다리는 여행자의 List(대기자명단)를 말한다.

Wake-Up Call(=Morning Call)

손님의 요청에 따라 아침에 깨워주는 서비스이다.

WATA(World Association Of Travel Agency)

세계여행업자 협회를 말한다.

Wholesaler

여행상품(Package)의 도매업자를 말한다(여행상품의 기획, 광고, 여행지 개발 등).

WTO(World Tourism Organization)

세계관광기구를 말한다.

Y

Y

Economy Class의 약어로 미국 국내에서는 Coach Class라고도 한다.

Youth Fare

항공사에서 청소년의 항공운임을 말한다.

참고문헌

권문호·공윤주·곽영대(2008), Tour Conductor 서비스실무, 대왕사
김사헌(2008), 관광경제학, 백산출판사
김연화·윤중신(2000). 여행사·항공사 실무용어, 학문사
김영규(2008), 여행사 경영과 실무, 계왕사
나태영·천민호(2009). 여행사경영실무, 대왕사
도미경(2010). 신웰빙시대의 여행사실무, 백산출판사
동남레저연구소(2006), 관광학의 이해, 기문사
동남레저연구소(2007), 관광관련법규, 기문사
서철현·이현동(2009), 여행사 경영실무론, 남구도서
윤대순(2002), 항공실무론, 백산출판사
윤대순·구본기·권효상·김대언·김호철·용환재·이정희·원종혜·윤기명·이달영·조희정·최미선·최병창·최용훈·황장익(2009), 여행사 실무론, 기문사
윤대순·구본기·김대언·김호철·용환재·윤기명·이정희·임혁빈·조희정·최미선·최병창·최용훈·한금희(2009), 항공사실무론, 백산출판사
윤세환·박형순·이낙귀·우성근·용환재·홍경옥(2007), 여행사업무론, 현학사
이광원(2007), 관광학의 이해, 기문사
이교종(2001), 여행업실무, 백산출판사
이낙귀·오수경·최승국·윤세환·김수경(2003), 여행사실무론, 현학사
이낙귀·홍규선·박재헌(2007). 항공예약발권실무론, 현학사
이선희(2008), 여행업경영개론, 대왕사
이용구(1999), 항공사 예약실무, 학문사
이용일(2008), 관광항공업무론 새로미
이재춘·김윤우·백용균(2003), 여행업의 이해와 실무, 학문사
이정훈(2007), 여행사경영실무, 형설출판사
이항구(1995), 관광학, 백산 출판사
이현동(2007), 국외여행인솔자 가이드북, 도서출판갈채
이현동(2010). 여행항공실무, 한올출판사
임혁빈(2002), 여행업무론, 미학사
장양례(2009), 신 여행업 실무, 대왕사
최승이·이미혜(2008), 국제관광론, 대왕사
하인수(2010), 여행사 경영과 실무, 기문사

관세청홈페이지 http://www.customs.go.kr
국가법률지식정보시스템 http://likms.assembly.go.kr/law
대한항공홈페이지 http://kr.koreanair.com
토파스홈페이지 http://www.topas.net/
아시아나항공홈페이지 http://flyasiana.com/index.htm
아시아나애바카스홈페이지 http://www.abacus.co.kr/
인천국제공항홈페이지 http://www.airport.kr
한국관광공사홈페이지 http://www.visitkorea.or.kr/intro.html

| 저자 소개 |

박 현 지

• 동명대학교 관광경영학과 교수

| 공동작업 참여업체 |

롯데관광(김정욱)

본 과제(결과물)는 교육과학기술부 · 지식경제부의 출연금으로 수행한 산학협력중심대학육성 사업의 연구결과입니다.

This work is financially supported by the Ministry of Education, Science and Technology(MEST), the Ministry of Knowledge Economy(MKE) through the fostering project of HUNIC

정가 13,000원

여행항공 실무론

2012년 2월 20일 초판 인쇄
2012년 2월 29일 초판 발행
저　자 : 박현지 · 김정욱
발행자 : 우명찬 · 송　준
발행처 : 홍릉과학출판사
주　소 : 서울시 강북구 인수동 455-60
㊠142-885
등　록 : 1976년 10월 21일 제5-66호
전　화 : (02) 999-2274~5, 903-7037, 996-8341
팩　스 : (02) 905-6729
e-mail: hongpub@hongpub.co.kr
http://www.hongpub.co.kr
ISBN: 978-89-97570-08-9

저자와의 협의하에 인지생략